Coleção
Biblioteca
do Maçom

EDITORA MAÇÔNICA
A TROLHA

DERLY HALFELD ALVES

Revelações Maçônicas

Editora Maçônica "A TROLHA" Ltda.
Rua Castro Alves, 835 – Jd. Shangri-lá A – Fone (43) 3337-1982
Fax (43) 3326-0915 – Cx. Postal 238
CEP 86001-970 – Londrina – PR

Londrina, dezembro de 2011

Todos os direitos desta edição são reservados à
EDITORA MAÇÔNICA "A TROLHA" LTDA.
Rua Castro Alves, 835 – Jd. Shangri-lá A
CEP 86070-670 – Londrina – PR
Cx. Postal 238 – CEP 86001-970
Fone (43) **3337-1982** – Fax (43) **3326-0915**
Site: www.atrolha.com.br
E-mail: redacao@atrolha.com.br
Coordenação Geral:
Conselho Editorial

1ª Edição:
2011

Tiragem:
1.700 exemplares

Projeto Gráfico e Diagramação:
Maristela Meneghetti

Capa:
Ulisses Candreva

Revisão:
Virgínia Cristina Audi Ayres

Impressão e acabamento:
Viena Gráfica & Editora

Obediência: *Grande Oriente Independente de Minas Gerais*

Livro revisado de acordo com o Dicionário da **ABL – Academia Brasileira de Letras**

Dados Internacionais de Catalogação na Publicação (CIP-Brasil)
CATALOGAÇÃO NA FONTE

A474r   Alves, Derly Halfeld.
Revelações maçônicas / Derly Halfeld Alves. – 1. ed. – Londrina: Ed. Maçônica "A TROLHA", 2011.
238p.; 14,21 cm. – (Coleção Biblioteca do Maçom).

ISBN: 978-85-7252-296-0

1. Maçonaria. 2. Cultura maçônica. 3. Fraternidade. I. Título. II. Série.

CDD 366.1
CDU 061.236

Índices para Catálogo Sistemático:

1. Maçonaria
   061.236 (CDU)
2. Cultura Maçônica
   061.236 (CDU)
3. Fraternidade
   255 (CDU)

Dedicatória

Timeo hominem unius libri – Temo o homem de um livro só (São Tomás de Aquino)

Este é o meu terceiro livro publicado pela conceituada Editora Maçônica "A TROLHA".

Trata-se de uma publicação mista – verbetes maçônicos e não maçônicos – possibilitando, não só Irmãos Maçons, como Cunhadas e Sobrinhos terem acesso ao seu conteúdo, na expectativa de que sua leitura tenha significativa utilidade.

O autor

Sumário

Prefácio

Recebi o convite para prefaciar este livro com muita alegria e júbilo, mesmo sabendo não ser a pessoa mais indicada para esta responsabilidade, diante da plêiade de amigos de elevada cultura que o autor possui.

Derly Halfeld Alves é um autor maçônico consagrado, seus livros são citados frequentemente como referências. Acadêmico de renome, pertence a várias Academias, Ex-presidente da Academia Maçônica de Letras de Juiz de Fora e atual Presidente do Núcleo Juiz de Fora da AMIL – Academia Maçônica Internacional de Letras. Vejam que honra é prefaciar o mais novo livro deste autor.

Derly e eu costumamos dizer que ele é o meu pai na Maçonaria e é a pura verdade, pois ele foi o meu grande incentivador nas artes e letras maçônicas.

Este é o seu terceiro livro, os dois primeiros foram escritos para Maçons e este para Maçons e não Maçons interessados em Maçonaria. O texto, dada a sua facilidade didática, faz com que a leitura fique muito agradável e, temos a certeza, será um sucesso, assim como os dois primeiros o foram.

Apesar dos muitos títulos hoje existentes sobre o assunto, esta obra reúne informações que, se forem buscadas em outras fontes, conduzirão à consulta de muitas obras e artigos.

A forma escolhida para esta obra, alternando assuntos estritamente da cultura maçônica com assuntos da cultura geral, com pequenos tópicos, nos conduz a uma leitura leve e absorvente, que nos leva a não querermos parar e devorá-la de uma só vez.

Parabéns Irmão Derly! Com homens como você é que este país poderá reescrever sua história com hombridade, perseverança e cultura.

Aos Maçons não posso deixar de recomendar que leiam e bebam desta fonte prazerosa de saber.

Irm∴ Renato Gabriel – M∴ I∴, 33º MRA/CT

Apresentação

Seguindo as vertentes atuais este livro narra os acontecimentos em forma de capítulos avulsos que podem ser usados como uma colcha de retalhos ou como pontos para estudo. Àquele que se dedica a instruir, tem que primeiro ser um eterno aprendiz e é assim que o autor Derly Halfeld delineou os seus caminhos.

E guiado por essa linha mestra ele foi se tornando a cada dia Mestre de si mesmo. Um Maçom exemplar que traça suas palavras de acordo com o seu comportamento, responsável por muito do que se fez culturalmente neste País, maçonicamente falando. Sempre pronto e alerta esteve este autor na prática maçônica até os dias de hoje. Dono de um bom humor e de uma escrita invejável, que o tornaram um autor emblemático e carismático.

E foi certamente com esta intenção que ele estendeu o seu conhecimento a um número maior de pessoas, que embora não Iniciadas muito gostariam de aprender, símbolos e palavras comuns mas que sempre foram recobertas por superstição e pseudossegredos. Por isso ele escreveu para Maçons e não Maçons.

Com a abertura, algumas vezes excessiva, mas importantíssima de nosso pensamento para as massas faz-se senhor instruir as pessoas e mostrar-lhes que não somos mais ou menos importantes, ou que fizemos ou deixamos de fazer parte importante da história, mas que primordialmente somos pessoas livres e de bons costumes, e que se nos veem diferentes é porque temos uma certa predileção pelo pensar. É isso.

Os Editores

Londrina, novembro de 2011.

Primeira Parte

REVELAÇÕES MAÇÔNICAS E NÃO MAÇÔNICAS

(Para Maçons e não Maçons)

CAPÍTULO I

Introdução

As publicações, principalmente em revistas coloridas, com capas ilustradas em grande destaque, com simbologia maçônica têm sido uma constante.

Até mesmo as grandes editoras têm proporcionado, não diretamente ao público maçônico, mas principalmente ao leitor não maçônico, como a que despertá-lo, com o intuito de desvendar os mistérios da Instituição Internacional Maçônica.

Para que o leitor, ávido de curiosidade, considerando que, tudo o que é envolvido em mistérios ou segredos, desperta a curiosidade, com certeza passa para o caminho da investigação, na busca do que possa se caracterizar "secreto".

O ilustre, ou mais que ilustre Machado de Assis, já dizia: "Não há como um grande segredo para ser divulgado depressa".

Afinal, o que é MAÇONARIA?

As definições abaixo são compiladas de livros, revistas, dicionários, etc., de publicação, no nosso "dia a dia", conceituadas como "profanas":

> *Sociedade secreta, de origem remota, espalhada por todo o mundo, cujos membros, que professam os princípios de igualdade*

> *e fraternidade, se dão a conhecer entre si por meio de sinais esotéricos* (Grande Enciclopédia Larousse Cultural).

> *Sociedade Secreta, política e filantrópica, que usa como símbolos os instrumentos de arquiteto e pedreiro* (Dicionário Prático Ilustrado – Jayme de Seguier).

> *Arte de Pedreiro; sociedade secreta composta de elementos ajuramentados, cujo objetivo principal é desenvolver o princípio da fraternidade e da filantropia* (Dicionário Universal – Fundamental da Língua Portuguesa – Lisboa, 2001*)*.

> *Para compreender esta organização transcultural como um "Mistério", devemos situar a Franco-Maçonaria no marco do pensamento renascentista, fazendo uma leitura psicológica da sua estrutura simbólica, posto que, a Maçonaria tem características próprias em cada país, que refletem o temperamento nacional, elaborar um tratado completo sobre a matéria seria uma empreitada bastante complexa* (Mitos – Deuses – Mistérios – Maçonaria – Edições del Prado*)*.

> *Um livro sobre a Maçonaria, particularmente quando é escrito também para leitores não Maçons, deve começar, sem dúvida, por apresentar algumas informações sobre a natureza e a história da Ordem Maçônica. É relativamente fácil definir a Ordem: a Maçonaria é uma organização fraterna secular, tradicionalmente franqueada somente aos homens. Propaga os princípios morais e busca promover a prática do amor fraterno e da atividade caritativamente a todas as pessoas – não somente entre Maçons* ("A Maçonaria, Símbolos, Segredos, Significado" – Martins Fontes – São Paulo).

Centenas de outros conceitos emitidos quer em livros, revistas, jornais, hoje, principalmente através da internet, enfim, quaisquer outros tipos de ilustrações, estaríamos transcrevendo um verdadeiro rosário de definições sobre a Ordem Maçônica.

É interessante salientar que, nas citações que mencionamos, pouca coisa difere nos parâmetros expostos.

Ela tem como princípios capitais o Amor Fraternal, a Verdade como também a Beneficência. Todos estes princípios devem ser praticados com habilidade sempre equilibrada, tendo em mente que o objetivo primordial é acima de qualquer outro, a Verdade.

Kafka (1883-1924), em "*Conversas com Kafka*", de Gustav Janouch, assim define a Verdade:

> *A verdade é aquilo que todo homem precisa para viver e que ele não pode obter nem adquirir dos outros. Todo homem deve produzi-la sempre de novo de seu próprio íntimo, senão ele se arruína. Viver sem verdade é impossível. A verdade talvez seja a própria vida.*

Recorramos aos nossos Rituais para melhor exemplificar e dar conhecimento, quer para os que postulam o ingresso na Ordem, seja para os próprios Maçons, ou ainda, para os que, a todo custo, tentam desvendar os seus mistérios.

Vamos prestar uma informação até certo ponto amistosa, principalmente para os que postulam o ingresso na Ordem Maçônica, afirmando que:

- sua fase histórica atual já completou mais de dois séculos, vinda de 1717, data em que se organizou como instituição que denominamos de "ESPECULATIVA", tornando-se como tal, uma Sociedade Organizada Universalmente, reunindo homens livres e de bons costumes ou de boa vontade, sem qualquer distinção, seja de raça, crença, nacionalidade, sem nenhuma discriminação política, religiosa ou racial, sendo qualquer sectarismo incompatível com o espírito maçônico.
- a Maçonaria não é um credo religioso, muito menos uma associação que prega uma doutrina dogmática, como também não prega nenhuma teoria política de um partido eleitoral, entretanto, não exclui a religião, nem a política.

– é, com efeito, uma entidade que procura exercer o altruísmo, como um grande dever social.

CAPÍTULO II

Definições Ritualísticas

I – A Maçonaria não é uma seita ou um braço dissidente de qualquer igreja, muito menos uma religião, partido político ou outra facção que não se coaduna com seus princípios.

É, sim, uma Instituição Universal, espalhada pelos quatro cantos terrestres, congregada de homens de consciência liberta, dotados de costumes altivos, selecionados entre os que, a par de referências meritórias, possuam instrução suficientemente para compreender, praticar e ministrar a simbologia maçônica, incluindo os seus métodos de elevada moral ilibada.

II – No seu contexto é considerada uma escola de aperfeiçoamento pessoal, podendo ser também social, espalhada por toda parte do mundo, através de suas Lojas disseminadas em quase todas as nações.

É necessário explicitar para o leitor não Maçom a diferença entre o termo Loja e Templo.

Existem ainda autores Maçons que discutem sobre interpretações relativas do que venha a ser uma Loja e um Templo, considerando que alguns interpretam que a Loja é o próprio Templo, para outros, que há diferença.

Loja, podemos definir como sendo, não só o prédio onde

funciona a Associação legalmente constituída, *com total personalidade jurídica*, cujo interior, além das dependências normais para o funcionamento administrativo, se localiza o **Templo** destinado às suas reuniões, local este que, por tradição, aberta a reunião ritualística, também se denomina Loja.

III – Definida como um culto de Amor ao Próximo, induz o recém-Iniciado, já Maçom, ao hábito da prática da Fraternidade, sempre tendo em mente a lição que nos é dada por Lamartine: "Só o egoísmo e o ódio têm uma pátria. A fraternidade não a tem".

IV – Em todas as Sessões ou Reuniões de caráter maçônico, deve existir um total reino de completa harmonia, que possa traduzir a Paz, a Justiça e, principalmente, a Igualdade, razão pelas quais nossas vozes possam repercutir em todos os quadrantes da terra.

V – A Maçonaria, como Instituição, deve ser um completo reinado de Tolerância, virtude essencial do Maçom, no sentido de total respeito a toda e qualquer crença, desde que fundadas em códigos de moralidade, que visem ideais de pacificação e que possam traduzir uma total felicidade à humanidade, traduzida através da "eubiótica", ou seja, a arte do bem viver.

VI – Como instituição Universal e pacífica, deve, em cada país, representar a base, até mesmo o sustentáculo em defesa da sua Pátria, da Família, enfim, de toda a Sociedade, como um serviço defensor da fundamental liberdade e, principalmente, dos Direitos Humanos.

VII – É uma composição de cidadãos civilmente capazes, que exige de cada um comportamento exemplar, caráter ilibado, e de relevantes costumes ou hábitos, independentemente de raça, nacionalidade ou crença religiosa, desde que aceite e tenha crença em um Ente Supremo, criador do Universo, a que denominamos de Grande Arquiteto do Universo, ou seja, **DEUS.**

VIII – É uma organização avessa aos preconceitos de raça, de crença religiosa, de nacionalidade e de condição social. Os que têm preconceitos não se ajustam e muito menos são aceitos nos Quadros da Ordem Maçônica.

IX – Por constituir uma Fraternidade Universal, tem em suas leis a união de homens dotados de boa vontade, hábeis de compreender que todas as crenças devem trazer em seus bojos a virtude do amor ao próximo.

X – É um rio de luzes clareando todas as filosofias, tendo para si própria a filosofia de que todas as criaturas se amem mutuamente, desejando para si o que deve desejar para o seu próximo.

XI – Recebe como seu Iniciado todo aquele que se propuser a dar sem nada receber, ou sem esperar de alguma coisa que lhe possa ser vantajoso. Recebe em contraproposta o integral apoio, de Irmão para Irmão ou de pai para filho.

XII – Seus integrantes a concebem como um elevado e constante sigilo em cultuar a solidariedade humana que deve ser praticada sem nenhuma ostentação.

XIII – É uma instituição sempre direcionada para o futuro, constantemente em busca da Evolução, pois esta significa desenvolvimento e progresso, porém, nunca se afastando da Tradição, não permitindo que ela decaia na prática ritualística.

XIV – Trata-se de uma Fraternidade que, igualando no mesmo patamar ou nível todos os seus integrantes, os quais se tratam mutuamente de Irmãos, sem distinção ou designações profissionais, principalmente nos recintos de uma Loja, onde não há doutores, coronéis, mecânicos, pintores ou motoristas – todos são tratados igualitariamente como **"meu Irmão"**.

XV – Universalmente abraçou a tríade da revolução francesa: Liberdade, Igualdade e Fraternidade, adotando vários Ritos, consoante o país em que são praticados, embora diferenciados em alguns pontos, práticas e divisões de Graus, sendo idênticos na essência e nos seus propósitos no que tange ao aperfeiçoamento individual e social.

XVI – Finalmente, trata-se de uma instituição que também pratica a filantropia, entretanto, no exato amor ao ser humano, tendo como princípios:

a) – a caridade sigilosa e eficiente, de maneira que a sua prática não venha a humilhar o necessitado, muito menos venha a favorecer o que se denomina "parasitismo da mendicância";

b) – que a fraternidade, bem como a solidariedade jamais sejam invocadas, principalmente por nós Maçons, como obrigação de favoritismo em quaisquer circunstâncias que possam contrariar a Lei, a Justiça e sobretudo a Moral;

c) – que a benevolência praticada em nome da Ordem Maçônica, tenha como princípio enveredar o necessitado para habilitá-lo num trabalho possível, dentro de suas reais possibilidades na conquista da sua própria suficiência, mas sem prejuízo da ajuda imediata.

CONCLUSÃO

Vamos nos valer de uma mensagem do Irmão Silveira Brasil (cf. "Maçonaria Brasileira Atual" – 1ª Convenção Nacional do Rito Brasileiro – 1974 – pág. 321):

> *Este corpo de princípios dá substância a um dos maiores* ***humanismos*** *que o mundo já conheceu. No dia em que o homem e sua sociedade assimilarem essas diretrizes e as seguirem rigorosamente tudo mudará na face da terra. Porque em cada um desses postulados a Mensagem de Cristo está implícita e explícita, impelindo o homem e o mundo para o Cristogênese, que é, na concepção de Teilhard de Chardim, a vocação derradeira do homem.*

CAPÍTULO III

Conceitos Constitucionais

SEUS PRINCIPAIS OBJETIVOS

Vejamos a resposta nas Constituições de algumas Obediências do Brasil:

I – A Maçonaria é uma instituição essencialmente filosófica, educativa e progressista. Proclama a prevalência do espírito sobre a matéria.
Pugna pelo aperfeiçoamento moral, intelectual e social da humanidade, por meio do cumprimento inflexível do dever, da prática desinteressada da beneficência e da investigação constante da verdade.
Seus fins supremos são: *a Liberdade, a Igualdade e a Fraternidade.*

II – Condena a exploração do homem, bem como os privilégios e as regalias, mas enaltece o mérito da inteligência e da virtude, bem como o valor demonstrado na prestação de serviços à Pátria e à Humanidade.

III – Afirma que o sectarismo político, religioso e racial é incompatível com a universalidade do espírito maçônico. Combate a ignorância, a superstição e a tirania.

IV – Proclama que os homens são livres e iguais em direitos e que a tolerância constitui o princípio cardeal nas relações humanas, para que sejam respeitadas as convicções e a dignidade de cada um.

V – Defende a plena liberdade de expressão do pensamento fundamental do ser humano, admitida a correlata responsabilidade.

VI – Reconhece o trabalho como um dever social; julga-o dignificante e nobre sobre qualquer de suas formas: manual, intelectual ou técnica.

VII – Considera Irmãos todos os Maçons, quaisquer que sejam suas raças, nacionalidades ou crenças.

VIII – Sustenta que os Maçons têm os seguintes deveres essenciais:
Amor à Família, Fidelidade e Devotamento à Pátria e Obediência à Lei (*acrescento ainda*: ***"A Crença em Deus, nosso Criador!..."***).

IX – Determina que os Maçons estendam e liberalizem os laços fraternais, que os unem a todos os homens esparsos pela superfície da terra.

X – Recomenda a propaganda de sua doutrina pelo exemplo e por todos os meios de comunicação do pensamento e proscreve terminantemente o recurso à força e à violência.

XI – Adota ainda Sinais e emblemas de elevada significação simbólica, os quais, utilizados nos trabalhos maçônicos, servem, também, para os Maçons se reconhecerem e se auxiliarem onde quer que se encontrem.

Se para o sacerdote, aquele que não se consagrou à vida religiosa é tratado como *"leigo"*; se para o não militar, o tratamento é consagrado como *"paisano"*, para a Maçonaria, aquele que não é Iniciado ou consagrado, o tratamento é de *"Profano"*, ou seja, o que ainda não foi consagrado, encontra-se ante o Templo, isto é – PRO, diante, e FANO, templo; assim, pois, generaliza o não Maçom, pode parecer que o integrante da Ordem é um cidadão de outro planeta, um cidadão fora do realismo do mundo atual, o que na realidade nem sempre acontece ou se pratica.

Os preceitos de moral, de civismo, de amor ao próximo, enfim, do homem "à semelhança do Criador", são descritos para que o possuidor do livre-arbítrio o pratique, se assim lhe for conveniente, cabendo à sociedade o julgamento final.

Para o inspirado vidente Pietro Ubaldi, o dito Sócrates de nossos dias – "assistimos, no mundo atual, à luta dramática das **antíteses** e, em meio a esta luta, o homem procura uma saída para a **síntese**"...

CAPÍTILO IV

Os Corpos Maçônicos

A Maçonaria Simbólica ou também denominada de "Maçonaria Azul", é universalmente constituída de três Graus: *Aprendiz, Companheiro* e *Mestre.*

É governada por instituições independentes e soberanas, denominadas de Grandes Orientes ou Grandes Lojas, cujos corpos são congregados por Lojas Maçônicas de regiões determinadas.

Os Graus acima do 3º (Mestre Maçom), do qual falaremos oportunamente, são dirigidos pelos Corpos Maçônicos de cada Rito, sem nenhuma interferência no Simbolismo.

Ressalte-se que as Lojas Simbólicas devem seguir, essencialmente, a doutrina e os métodos usuais em cada Rito. No caso do Brasil, são praticados vários Ritos.

Os Graus Superiores ao 3º (do 4º ao 33º) é condição *sine qua non* que o Maçom, para neles ingressar, necessário que o mesmo seja efetivo a uma Loja Simbólica; tais Graus constituem complementos e aperfeiçoamento da filosofia e ciência maçônica adquiridas nos Graus Simbólicos.

O edifício de uma Loja Maçônica pode ter a denominação de Palácio Maçônico ou Oriente do lugar, bairro ou cidade.

Dá-se o nome de Templo Maçônico ao lugar em que os

Maçons se reúnem para o trabalho; uma vez reunidos os Maçons para o trabalho, forma-se uma assembleia, e uma assembleia de Maçons chama-se Loja.

É comum uma Loja Maçônica, legal e juridicamente constituída, não possuir seu prédio próprio, consequentemente não ser detentora de um Templo. Nesse caso, através de entendimentos e concessão, em caráter sem prazo, esta Loja pode funcionar normalmente em um Templo cedido por uma coirmã.

Afirmamos que se pode formar uma Loja, independentemente de um Templo Maçônico.

A Ordem Maçônica, apesar de ser internacional, não tem um "Poder Central", sendo dirigida, em cada país que atua, e atua, se não em todos, mas em quase todos, dos mais de 200 países existentes, é obediente a um Poder Regional, podendo ser denominado de Potência ou Obediência Maçônica, que são dirigidas por um Grão-Mestre, e, para ser Grão-Mestre, basta ser Mestre Maçom (Grau 3).

E como se forma um Poder regional? Pelo reconhecimento de, no mínimo, três Lojas que automaticamente se filiem ao Poder.

Atualmente no Brasil, existem:

- **Grande Oriente do Brasil**, com Poder Central em Brasília, possuindo em cada Estado da Federação um Grande Oriente Estadual, todos sob a Presidência de um Grão-Mestre;
- **Grandes Lojas**, de igual forma com uma Grande Loja Estadual, inclusive em Brasília, também sob a Presidência de um Grão-Mestre;
- **Grandes Orientes Estaduais (Independentes)**, cada qual presidido por um Grão-Mestre, composto sob a forma de Confederação. Esta Confederação é presidida anualmente por um Grão-Mestre Estadual, eleito pelos demais, com a denominação de COMAB.

Em quase todos estes "Poderes", são praticados os mais

variados Ritos, existentes atualmente no Brasil, sendo livre a escolha da Loja a prática do Rito que julgar mais conveniente:

– ***Rito Escocês Antigo e Aceito***, foi criado na França por imigrantes da Escócia, oriundas da Inglaterra, e admite-se como sendo o mais tradicional e hierárquico;

– ***Rito Adonhiramita***, também criado na França, foi o primeiro a se implantar no Brasil advindo de Portugal, segundo historiadores maçônicos, em Recife, no Rio e Salvador;

– ***O York ou Emulation***, traz a tradição de seu país de origem, a Inglaterra;

– ***O Schröder***, igualmente, originário da Alemanha, conserva a tradição daquele país;

– ***O Francês Moderno***, marcou época na sua evolução, em 1717, modificando e retirando práticas ritualísticas, modernizando o simbolismo dos seus Rituais, sendo considerado o mais libertário, porém, sua destinação iniciática se completa com os demais Ritos;

– ***Rito Brasileiro***: deixamos para completar esta explanação, por se tratar de um Rito fundado no Brasil em 1914, tendo ao longo do tempo sido pouco praticado, tomando grande impulso por volta de 1968, quando o impoluto Maçom, Álvaro Palmeira, o reimplantou, sendo hoje o segundo Rito praticado no Brasil.

Existe hoje, em todo o mundo, mais de uma centena de Ritos praticados, entretanto, podemos afirmar que em todos eles a prática iniciática e sociológica em nada, ou pouco nada se diferem, e sim, completam-se.

Feitos estes esclarecimentos, principalmente para o Aprendiz Maçom, esperamos haver contribuído para que, de uma vez por todas, não paire nenhuma dúvida quanto à atuação dos Maçons em todo o universo.

Não pertencemos a uma Sociedade Secreta, somos parte integrante de uma Organização que se reúne para a prática do bem-estar. Nossas Sessões ou Reuniões, quando ritualísticas, são exclusivas para Maçons, sendo livre a presença de qualquer Maçom, que pertença ou não aos Quadros da Loja em tela. Brasileiro, inglês, argentino, francês ou alemão, será sempre aceito, desde que seja um Maçom regular, ou que esteja ativo e vinculado a uma Loja Maçônica, independentemente da jurisdição (Potência ou Obediência).

Nossos Templos são abertos, quer para visitações públicas ou Sessões de caráter cívico-cultural, tendo livre acesso, homens e mulheres, e, a estas Sessões, sempre devemos denominá-las de Sessões "Abertas", e nunca de "*Sessão Branca*", posto que, se há Sessão Branca, para o mundo profano haverá também a "Negra ou a Diabólica".

Infelizmente, somos vítimas de torpes conceitos, principalmente de determinadas linhas que se dizem religiosas, muitas das vezes porque seus pregadores tenham sido rejeitados para ingresso na Ordem Maçônica.

A internet está repleta de conceitos "Maçonaria-Diabo" – apenas salientamos que não se coadunam **"Diabo com Santo"**, pois o Nosso Patrono é São João – tanto o *Evangelista* quanto o *Batista*.

SEGUNDA PARTE

Por se tratar de um livro que denominamos "Maçonaria aberta ao público", nesta segunda parte, após a tentativa de elucidar os principais preceitos maçônicos, vamos diversificar nossos assuntos para que a leitura não se torne cansativa ou desinteressada. Pelo Sumário já se pode notar a variedade de assuntos, não como uma obra informativa sobre todos os ramos do conhecimento. Se assim fosse, seria uma "enciclopédia", mas são temas que julgamos interessar a um ou a outro leitor, isto é, Maçom ou não Maçom.

As Maravilhas do Mundo (Antigas e Atuais)

A) MUNDO ANTIGO

Supõe-se geralmente que são sete as maravilhas do mundo antigo, mas na verdade são pelo menos oito, oito milagres da arte que encantaram as maiores inteligências da antiguidade. Quem narra, por tradução e adaptação é Oscar Mendes, do Livro "As Maravilhas do Conhecimento Humano", I Volume, do escritor americano Henry Thomas – Editora Globo – 1954:

> *Podeis chamar de maravilhosa uma estátua que assobia? Pois bem, uma das colossais estátuas de Amenófis III, perto de Tebas, não assobiava propriamente, mas pela manhã um curioso gemido se ouvia, que fazia gelar o sangue dos que outrora por ali passavam.*
>
> *O homem supersticioso acreditava que era a voz de Memnon, filho da Aurora, chamando por sua mãe e lamentando os pecados dos homens, de que fora testemunha durante a noite.*
>
> *O céptico, porém, achava que o tal gemido era produzido pela passagem do ar através das fendas da pedra arenosa vermelha, e devido à mudança de temperatura, ao amanhecer. Septímo Severo, imperador romano, que era mais cínico do que músico, mandou reparar a brecha da pedra. Daquele tempo em diante, Memnon deixou de falar com sua mãe ao amanhecer.*

As pirâmides do Egito sobrevivem como a segunda maravilha, tanto do moderno como do antigo mundo. "O tempo marca todas as coisas", reza um velho provérbio árabe, "mas as pirâmides marcam o tempo".

Quanto à terceira maravilha, será algum suntuoso palácio? Não, simplesmente um farol construído duzentos anos antes de Cristo. Que farol! Erguia-se num estreito recife do porto de Alexandria, a uma milha da praia egípcia. De acordo com as antigas lendas, era mais alto que a mais alta das pirâmides, com imensos espelhos que refletiam um fogo mantido sempre vivo a noite inteira, lá no tope. O reflexo daqueles espelhos, relatam os antigos escritores, podia ser visto a uma distância de quarenta milhas.

O babilônico Nabucodonosor tinha em tão alta estima a sua rainha que, por sua causa, criou a quarta maravilha do mundo, os famosos "Jardins Suspensos da Babilônia". Essa obra-prima de arquitetura panorâmica era formada de séries de cinco terraços acima uns dos outros 15 metros, estando o mais alto deles a 76 metros distante do solo. No cume, achava-se o paraíso da rainha, ao qual se chegava por uma esquisita escada de voltas. Os terraços tinham raros e formosos desenhos, com canteiros de flores exóticas e prados cheios de animais domesticados. Essa quarta maravilha do mundo era um gigantesco ramalhete de plantas vivas, erguendo-se de Babilônia como uma oferta aos deuses.

O afamado templo de Diana, em Éfeso, a quinta maravilha do mundo, foi incendiado por Eratóstenes, que julgava poder assim tornar-se famoso. Alexandre, o Grande, ofereceu-se para restaurá-lo. Mas os rígidos efésios rejeitaram seu dinheiro e reconstruíram o templo com seus próprios recursos, até que ele superou sua primitiva glória. O altar principal foi decorado pelo escultor grego Praxíteles. O templo contava 18 metros de altura, 120 de extensão e 66 de largura, e era todo construído de ouro e mármore branco. Esse suntuoso milagre de arquitetura foi despojado pelo imperador romano, Nero. Os godos acabaram a obra de destruição, no quinto século de nossa era.

A sexta maravilha do mundo antigo era a estátua de Júpiter, por Fídias. Essa soberba escultura de marfim e ouro, com 18 metros de altura, "nunca foi e provavelmente nunca será igualada nos anais da arte".

A sétima maravilha do mundo nasceu do pranto de uma mulher. Quando Mausolo, rei da Cária, morreu, sua viúva, enlutada, construiu para ele um túmulo de tão rara magnificência que o termo mausoléu é até hoje usado para designar um monumento sepulcral. Logo depois de haver dedicado esse maravilhoso monumento a seu marido, ela mesma morreu do coração, dizem os antigos historiadores.

Nos tempos antigos corria uma história popular de um colosso vivo, escarranchado no porto de Rodes. Mas esse Colosso, que supunha de pernas abertas sobre as ondas, era apenas uma imensa estátua de bronze de Apolo, deus da Luz. Erguia-se tão alto quase como a atual Estátua da Liberdade, Colosso de Luz e Colosso de Liberdade, dois justos emblemas da antiga e da moderna civilização.

A estátua de Apolo foi derrubada por um terremoto e seus restos vendidos como caliça, pelos negociantes de camelos do Oriente. Tal foi o derradeiro destino da oitava maravilha do mundo.

Resumindo: – As Sete Maravilhas do mundo, nome que os antigos davam à sete obras-primas de arquitetura e de escultura, que excitavam a admiração universal:

1. Colosso de Rhodes;
2. Pirâmide do Egito;
3. Farol de Alexandria;
4. Túmulo de Mausolo, em Halicarnasso;
5. Templo de (Ártemis) Diana, em Éfeso;
6. Jardins Suspensos da Babilônia e
7. Estátua de (Zeus) Júpiter Olímpio, em Olympia, com 10 metros de altura.

A maravilha mais antiga e a única que ainda existe são as Pirâmides do Egito.

Nota importante: – Corre no noticiário, que há intenção de revitalizar as novas Sete Maravilhas do mundo, e a Estátua do Cristo Redentor localizada na cidade do Rio de Janeiro, através do incentivo de uma determinada emissora de televisão e rádio, é candidata a ser incluída entre as novas maravilhas.

O concurso não é oficial, não tendo nenhuma interferência de organismos internacionais, trata-se de uma iniciativa de caráter particular de um cidadão milionário suíço que pretende usar parte da quantia arrecadada com as votações pagas através do telefone para reconstrução das estátuas de Buda no Afeganistão, destruídas pela guerra. A votação pela internet é gratuita. Interessante que as concorrentes, segundo consta seriam, a Grande Muralha da China, Taj Mahal, Migração do Serengueti, Galápos, Machu Picchu e Grand Canyon, permanecendo as Pirâmides do Egito. Existe uma lista que foi compilada pela CNN, que elege as sete maravilhas naturais do mundo, e aí aparece a Baía de Guanabara, a Grande Barreira de Coral, na Austrália; o Monte Everest, na fronteira do Nepal e China; a Aurora Boreal, na região polar; o Vulcão Paracutín, no México; as Cataratas Vitória, entre Zâmbia e Zimbábue, e o Grand Canyon

Nota: – Este artigo foi escrito, porém, não publicado, antes de haver sido feita a votação das novas Sete Maravilhas do mundo.

B) AS NOVAS SETE MARAVILHAS

1. **Chichén-Itza** (templo da civilização Maia de 800 d.C.), no México.
2. **Coliseu** (arena do Império Romano), na Itália.
3. **Muralha da China** (fortificação construída entre 500 a.C. e 1500 d.C.), na China.

4. **Machu Picchu** (ruínas), no Peru.
5. **Petra** (templo helênico de 9 a.C. e 40 d.C.), na Jordânia.
6. **Taj Mahal** (mausoléu), na Índia.
7. **Cristo Redentor** – Propositadamente deixamos de obedecer a ordem alfabética, deixando a nossa Maravilha fechando a composição das demais.

Rodrigo Aör (jornalista – Jornal do Brasil), em sua reportagem na Revista "Programa", de outubro de 2006, nas comemorações dos 75 anos da inauguração da Estátua do Cristo Redentor, conta uma história sob o título "O Redentor do Corcovado". Eis algumas citações:

> *Sublime do alto de seu pedestal, ele abençoa o Rio de Janeiro há 75 anos.*
>
> *A apropriação do nome da rocha paleozoica que o sustenta, o Corcovado, denuncia o que para o carioca é uma evidência: no fundo, ele sempre esteve ali. Imagem símbolo da Cidade Maravilhosa, cantado em verso e prosa, e copiado mundo afora, o* ***"Christo Redentor"*** *– seu nome de batismo – completa três quartos de século e, na condição de programa fundamental do Rio, recebe nossas homenagens.*
>
> *Tudo teria iniciado por volta do ano de 1923, através de um concurso promovido por determinado grupo de católicos, cujo vencedor foi o engenheiro Heitor da Silva Costa. A iniciativa do grupo de católicos era a de construir um monumento de caráter religioso no cume do morro para a celebração dos cem anos da nossa Independência, tendo o artista plástico Carlos Oswald projetado, em princípio, uma estátua de bronze, ou no morro do "Pão de Açúcar", ou no morro de Santo Antonio.*
>
> *Finalmente, foi escolhido o morro do Corcovado, onde já havia antenas de rádio instaladas, tendo então o artista plástico sugerido que a imagem seria de Cristo, com os braços abertos (disposto tal qual as antenas de rádio), e sua frente voltada para a Praia de Botafogo, visível em grande parte da cidade maravilhosa.*

Depois de longo período arrecadando fundos para a construção do monumento, finalmente a estátua foi inaugurada, em 1931, contando com as presenças do Presidente Getulio Vargas e do cardeal Dom Sebastião Leme.

Temas Maçônicos

Embora os mestres e os livros sejam auxiliares necessários, é do esforço próprio que resultam os mais completos e brilhantes resultados. (Garfield)

A prática nos tem demonstrado "de visu", a grande dificuldade que os responsáveis pelas Elevações de Graus sentem na elaboração dos temas para que os Candidatos desenvolvam seus trabalhos.

É comum, ou por negligência ou por desconhecimento cultural, apresentar temas corriqueiros, tais como: a fraternidade maçônica, a beneficência, o Templo Maçônico, enfim, temas que não proporcionam nenhum conhecimento histórico-maçônico mais profundo ao Candidato. Da mesma forma, acontece na elaboração dos questionários, onde são apresentadas, numa proporção de noventa e nove por cento, questões copiadas dos Rituais ou dos manuais de legislação (constituições e regulamentos), e hoje, da fonte dos "www".

Infelizmente existem Irmãos que pouco conhecem a história da Ordem Maçônica, principalmente a de nosso País. Jamais se interessaram em saber quais foram as Lojas que criaram o Grande Oriente do Brasil, como se fundaram as outras Obediências, a vida dos grandes vultos Maçons brasileiros ou internacionais, e outros fatos locais, e o que dizer da história da Maçonaria Operativa e contemporânea.

Quanto aos quesitos para elaboração dos questionários, apresentaremos mais adiante, em outra oportunidade.

Com o intuito de colaborar, e até mesmo facilitar aos membros das comissões responsáveis, apresentamos, em ordem alfabética, temas que poderão ser avaliados, não só para os Graus Simbólicos, como principalmente para os altos Graus, que abrangem desde as Lojas de Perfeição até os Consistórios.

Inserimos nos temas, pensamentos maçônicos que podem servir de orientação para os Candidatos desenvolverem seus Trabalhos:

ALMA – A razão e a cultura são como corpo e alma. Sem o corpo a alma nada será, além de um vento vazio. Sem a alma, o corpo é apenas uma armadura insensível (Kahlil Gibran). – Se a alma não fosse imortal, a vida seria pouca coisa e a morte não seria nada (Mme. de Tracy)

ADVERSIDADE – A adversidade é nossa mãe, a prosperidade é apenas nossa madrasta (Montesquieu). – Ninguém se julgue infeliz na adversidade, nem feliz na prosperidade: porque um estado, às vezes, prepara o outro (Gonçalves de Magalhães).

ALTRUÍSMO – A vida nos foi dada por Deus para que empreguemos em benefício da humanidade (G. Mazzini). – Viver para os outros é não somente a lei do dever, mas também a da felicidade (Augusto Comte).

AMIZADE – Os amigos sinceros e constantes são raros. A maior parte o é enquanto não necessitamos ou enquanto podemos ser-lhes úteis (Osório – Maçom). – A amizade redobra as alegrias e reparte as penas em duas metades (Bacon).

AMOR AO PRÓXIMO – Com o amor ao próximo o pobre é rico; sem esse amor, o rico é pobre (Santo Agostinho). – Não faças aos outros homens o que não queres que eles te façam (Confúcio).

ARQUITETURA – Mais do que qualquer arte, a arquitetura está ligada indissoluvelmente com a vida, o caráter, o ser moral de uma nação e de uma época (J. A. Sysmonds). – A arquitetura é a primeira das artes, é a arte das grandes nações, dos grandes reis e dos grandes séculos. Ela fala mais alto que a poesia, tão alto como na história; ela é a vitoriosa manifestação de todas as forças que dominam o mundo (Jules Janin).

ARTE – O espírito humano é tão criador como é a natureza e só se atinge a obra de arte quando o espírito se liberta da natureza e age independentemente. As formas artísticas que se limitam a reproduzir a natureza, são de qualidade inferior àquelas que o artista formula como criação individual e livre (Graça Aranha). – A arte é quase metade do caminho para a perfeição (Mme. de Puissieux). – Toda obra de arte é uma personalidade, o artista vive nela, depois dela ter vivido longo tempo dentro dele (Vargas Vila).

ATEÍSMO – O ateu procura convencer os outros para se persuadir a si próprio (Bacon). – Há muitos ateus por libertinagem, alguns por filosofismo, poucos por vanglória e talvez nenhum por convicção (A. A. de Moraes Carvalho). – O ateu é um péssimo condutor do gênero humano (V. Hugo). – O ateísmo está mais nos lábios que no coração do homem (Bacon).

AVAREZA (Um dos sete vícios capitais – do latim *avaritia*) – Que vem a ser avareza? O receio da pobreza que vive sempre na pobreza (São Bernardo). – O avarento sofre ao mesmo tempo todos os tormentos do rico e todos os tormentos do pobre (Guinon). – A avareza perverte a fidelidade, a probidade e todas as virtudes (Salústio).

BELEZA (Representada pela Coluna do 2º Vigilante) – Se tiverdes apenas a beleza e nada mais, tereis a melhor das coisas que Deus criou (R. Browning). – É difícil julgar a beleza, por ser ela um enigma (Dostoiewsky). – A pouca sorte de muitos filósofos me aconselha a não tentar definir na beleza (Emerson). – Uma coisa bela é uma alegria que dura a vida inteira (Keats).

BENEFICÊNCIA – A maneira de dar vale mais que o que se dá (Corneille). – A beneficência de hoje conhece apenas a sede, a fome, a nudez; a nossa beneficência é essencialmente incompleta, porque é materialista (Alexandre Herculano). – Dá a quem te pede e não voltes as costas a quem deseja que lhe emprestes (São Mateus). – Tu, porém, quando dá a esmola, não saiba a tua mão esquerda o que faz a direita (São Mateus). – A coisa mais bela consiste em ser útil ao próximo (Sófocles).

BÍBLIA (Também conhecida como Livro das Sagradas Escrituras, Livro da Lei Sagrada ou até mesmo Livro da Lei Moral) – Escolhemos um texto aqui, outro ali, que sejam úteis ao nosso caso, ao passo que se considerássemos o conjunto, e ponderássemos o que vem antes com o que vem depois, veríamos ser bem diferente a significação (Solden). – O livro dos livros, o repositório e o armazém da vida e da consolação – a Sagrada Escritura (Herbert).

BOM-SENSO – O homem de bom-senso não se senta para se lamentar; ao contrário, levanta-se e mete mãos à obra para reparar o mal ou esquecê-lo (Shakespeare). – O trabalho produz o dinheiro; o bom-senso conserva-o (Smiles) – O bom-senso é o instinto do verdadeiro (Jacob).

CALÚNIA – A calúnia é um assassínio moral (Benjamin Constant – Maçom). – A calúnia é como a vespa que nos importuna e contra a qual não se deve fazer nenhum movimento se não se está seguro de matá-la (Chamfort – Maçom). – A calúnia torna sempre pior o caluniador, nunca o caluniado (C. C. Colton).

CARÁTER – A força do caráter é uma força que resulta da acumulação das forças de vontade, de maneira que a virtude dos dias passados preenche ainda a virtude do dia de hoje (Emerson). – O gênio sem caráter de nada vale (A. France). – O caráter do homem não reside na inteligência, mas sim no coração (Jacobi). – Nada é mais perigoso na Sociedade do que um homem sem caráter (D'Alembert – Maçom).

CARIDADE – Aquele que tem caridade no coração tem sempre qualquer coisa para dar (Santo Agostinho). – A caridade é o oceano onde começam e onde desembocam todas as outras virtudes (Lacordaire). – A caridade é uma virtude que não desacompanha jamais suas duas irmãs, a Fé que dá ânimo e a Esperança que alenta o coração (Almeida Garetti).

CETICISMO – O cético é um pobre de espírito. Aquele que o diz ser é pelo menos ridículo. De todas as doenças que a mocidade pode padecer, a fim de antecipar aos anos a aparência da idade madura, o ceticismo é certamente a mais louca e a mais ridiculamente triste (H. Marion). – O ceticismo é uma aljava cheia de dardos venenosos (C. Castelo Branco).

CIÊNCIA – A ciência tem raízes amargas; porém os seus frutos são doces (Aristóteles). – Uma falsa ciência faz tornar ateus, mas uma verdadeira ciência prosterna o homem diante da divindade (Voltaire – Maçom).

CONFIANÇA – A confiança em nós mesmos inspira a maior parte da que temos nos outros (La Rochefoucauld). – Quem perdeu a confiança não tem mais que perder (Públio Siro). – A nossa confiança nos outros revela quanto desejaríamos tê-la em nós próprios (Nietzche).

CONSCIÊNCIA – Em todo o decurso da vida ninguém deve afastar-se da reta da consciência nem sequer uma unha, por pouco que seja (Cícero). – Melhor é perder o ofício e a vida, que reter o ofício e perder a consciência (Pe. Antonio Vieira). – A consciência perfeita é uma moral completa (Antonio de Figueiredo).

CONSTÂNCIA – A constância não consiste em fazer sempre as mesmas coisas, mas em fazer sempre coisas que tendem ao mesmo fim (Luís XIV).

CORAGEM – A coragem é uma das virtudes cardeais, sendo as outras a Justiça, a Sabedoria e a Temperança, cabendo ao Maçom reconhecê-las, incentivar e praticá-las. – A coragem é inegavelmente uma das grandes virtudes da humanidade. Garante sempre imensa tranquilidade de consciência. A timidez, o escrúpulo, a dúvida, ao contrário, torturam frequentemente o espírito e conduzem às derrotas e aos desesperos (Austregésilo). – Não se pode disfarçar a coragem: ela é uma virtude que escapa à hipocrisia (Napoleão). – Corajoso é aquele que teme o que se deve temer e não teme o que se não deve temer (L. Tolstoi).

HIPOCRISIA – Hipocrisia é ocultar com arte e dissimulação um vício sob a aparência da virtude (São Gregório Magno) – A hipocrisia é a mãe de todos os vícios (G. B. Casti). – Nada provoca maior dano que a hipocrisia. O mal oculto sob a aparência do bem, é muito mais eficiente (S. João Crisóstomo) – O hipócrita, como as abelhas, tem o mel nos lábios e oculto o aguilhão (Anônimo).

HONESTIDADE – De tanto ver triunfar as nulidades, de tanto ver crescer as injustiças, de tanto ver agigantar-se os poderes nas mãos dos maus, o homem chega a desanimar-se da virtude, a rir-se da honra, e ter vergonha de ser honesto (Rui Barbosa – Maçom). – A honestidade foi e será sempre a arma decididamente mais forte para todas as lutas da humanidade que vive e progride (E. Ferri).

HONRA – Nunca sacrifiques a honra para chegar às honras (De Búgny). – Uma palavra cujo singular e plural nunca andaram de acordo (P. Véron). – A honra é uma pedra preciosa a quem o menor defeito diminui o preço (Boussuet).

HUMANIDADE – Humanidade, modera teus ardentes desejos; toma assento no banquete da vida como cumpre a um convidado humilde e não permitas pedir outros pratos, que não sejam os que figuram no cardápio do banquete (Von Knebel). – Desgraçado aquele que não sabe sacrificar um dia de prazer aos deveres da humanidade (J. J. Rousseau).

HUMILDADE – Creio que a primeira prova de um homem verdadeiramente grande, seja a sua humildade (Ruskin). – O orgulho divide os homens, a humildade une-os (Lacordaire). – A perfeita humildade consiste em cada um se desprezar a si; não desprezar a ninguém; desprezar o mundo e desprezar o ser desprezado (S. Luiz Beltrão).

IGUALDADE – A igualdade perante a lei consiste na justiça relativa ao mérito e ao desmérito de cada indivíduo (Gonçalves Dias). – A Maçonaria reconhece que todos os homens nasceram iguais e as únicas distinções que admite são o mérito, o talento, a sabedoria, a virtude e o trabalho (Frau Abrines).

IMORTALIDADE – Sim, Platão, é verdade: nossa alma é imortal; é um bem que lhe fala, um Deus que nela vive. De quem senão dele poderia vir esse grande pressentimento, esse desprezo pelos bens mundanos, esse horror do nada? (Voltaire – Maçom). – Só morre o homem que viveu apenas a vida do corpo. Esse devolve à terra tudo que recebeu. Mas os homens que refletem sua vida na alheia, os que se transpõem de si mesmos para a coletividade, deixam na herança luminosa a eficiência póstuma da ação fertilizante e sazonadora. Do túmulo dos primeiros nenhuma luz se acende além dos fogos fátuos da decomposição; do túmulo dos segundos, a luz duradoura que ultrapassa os séculos (Cláudio de Souza).

INDISCRIÇÃO – O homem indiscreto é pior que uma carta aberta, porque revela segredos, mesmo às pessoas que não os querem conhecer (Chamfort) – Os indiscretos são mais perigosos do que os maus (Diógenes Ferreira).

INJÚRIA – A mais alta vingança de uma injúria é o esquecimento (Bacon). – Perdoar uma injúria recebida é curar as chagas do próprio coração (S. Vicente de Paulo). – Não se pode injuriar o homem sábio (Sêneca, filósofo estoico, fez a apologia do ascetismo e da renúncia aos bens terrenos).

INJUSTIÇA – A injustiça feita a um homem, é uma ameaça feita à humanidade (Montesquieu – Maçom). – A injustiça é ruína infalível dos impérios (Sólon, um dos sete sábios da Grécia: Bias de Priena, Quílon da Lacedemônia, Cleóbulo de Lindos, Periandro de Corinto, Pítaco de Mitilene, Sólon de Atenas e Tales de Mileto).

INSTRUÇÃO – Só um povo bem instruído pode conservar-se livre (Madison). – Sem os clarões do ensino, isto que em nós existe chamado consciência é um ermo imenso e triste (Carlos Ferreira).

INTOLERÂNCIA – É a intolerância que nos desgoverna, ou venha ela do exagero partidário, ou nasça da ambição de conservar ou adquirir o mundo. É dela que nascem os governos prepotentes e as oposições facciosas; dois extremos que se confundem na obra comum de destruição das liberdades políticas (Lauro Muller).

INVEJA – A inveja é uma confissão de inferioridade (Philarete Chasles). – Assim como o ferro se consome com a ferrugem, assim o invejoso se está consumindo com a inveja (Fr. Luiz de Souza).

IRMÃOS – Nem sempre irmão quer dizer amigo (J. Taylor, teólogo inglês). – Vede: como é bom, como é agradável os irmãos conviverem unidos (Bíblia).

JURAMENTO: Violar os juramentos que se hão prestado, é desligar daqueles que se receberam (Diógenes Ferreira).

JUSTIÇA – Uma das virtudes cardeais, em latim "*Justitia*" – A justiça é o pão do povo, de que ele está sempre necessitando (Chateaubriand). – Nesta palavra – a justiça – cabe quase inteira a noção da nossa felicidade na terra. É a substância da civilização, a essência da sociedade, a síntese da política cristã. As nações medram ou desmedram, segundo a sabem guardar (Rui Barbosa – Maçom). – A justiça é o bem sagrado da sociedade (Boussuet). – Todas as virtudes se compreendem na justiça; se tu és justo, tu és homem de bem (Teognis). – Uma alma nobre até faz injustiça aos próprios que lha recusam (Condorcet – Maçom).

LEALDADE – Lealdade é sinônimo de sinceridade, franqueza, honestidade, fidelidade; é a prática da amizade permanente, é a lisura de caráter e da probidade. São virtudes que devem nortear a vida de um verdadeiro pedreiro-livre, de um autêntico Franco-Maçom.

LEITURA – Infelizmente o brasileiro não tem o hábito da

leitura, e este ato, ou seja, o desinteresse pela leitura chegou até o Maçom. É essencial que se procure incentivar os Irmãos para que adquiram o interesse pelo conhecimento da história da nossa Ordem, através da leitura, e, é somente através da ação de ler que seu aprendizado se enriquecerá. – É raro, e muitíssimo raro, que o verdadeiro homem de letras não seja pelo menos homem de bem (Hume). – Sem letras, artes e ciência não há felicidade (Frederico, rei da Prússia, foi Iniciado Maçom em 14 de agosto de 1738, em Brunswick).

LIVRO – Nosso comentário acima, se enquadra neste item. Vejamos os pensamentos sobre o livro: – Não basta ler, é necessário digerir o que se lê (St. de Boufflers). – Quanta gente há, em cuja biblioteca poder-se-ia escrever "*para uso externo*", como nas garrafas das farmácias (A. Daudet). – Uma casa sem livros é uma casa sem dignidade (De Amicis). – Escrevo não para ensinar, mas para me instruir (J. Dolent). – Os livros deveriam conduzir a uma das seguintes finalidades: sabedoria, piedade, deleite, ou utilidade (Denham).

LÓGICA – Uma das denominadas "Sete Artes Liberais". Segundo Nicola Aslan, cinco séculos antes de Cristo, Platão estabelecera uma distinção entre estas Artes. Chamou-as de encruzilhadas de três ou quatro caminhos que, mais tarde, foram conhecidas pelos nomes de *trivium* e *quadrivium*. E, realmente, segundo o espírito dos antigos, o primeiro, que incluía a gramática, a retórica e a dialética ou a lógica, conduzia à eloquência; enquanto o segundo, que compreendia a aritmética, a geometria, a música e a astronomia, levava ao Templo do Saber.

LOUVOR – O homem não encontra no mundo voz mais animadora do que a que lhe canta seus louvores (Fontebelle). – A virtude louvada vive e cresce, e o louvor altas coisas persuade (Camões). – As almas delicadas suportam melhor uma reprovação tola do que um louvor tolo (J. Roux).

LUZ – As poucas luzes guiam para o erro; muitas para a verdade (Luís XVIII). – A luz é o ouro do pobre (Álvaro Moreira). – A primeira criatura de Deus foi a luz (Bacon).

MÃE – A mãe é a mais bela obra de Deus (A. Garret). – A maior alegria e o maior orgulho de uma mãe é ser admirada por seus filhos (Marcela Tinayre). – Mães, sois vós que tendes nas mãos a salvação do mundo (L. Tolstoi).

MEDIOCRIDADE – Só a ignorância aceita e a indiferença tolera o reinado das mediocridades (José de Alencar). – O espírito medíocre condena muitas coisas porque muitas coisas estão fora do seu alcance (Petrônio).

MENTIRA – A mentira é a mais insuportável pusilanimidade; é temer os homens e insultar a Deus (Sterne). – Como são crédulos os mentirosos! Julgam até serem acreditados (Mme. de Knorr). – A mentira só é um vício quando faz mal; é grande virtude se ocasiona o bem (Voltaire - Maçom). – Todo homem é mentiroso (Bíblia).

Pensa-se mais na recompensa que se ambiciona que no mérito (Goethe – Maçom). – Segundo minha opinião, todos são mentirosos; é sincero somente quem não é descoberto (Centlivre). – O amor torna compridas as pernas das mentiras (P. Mazzucato).

MODERAÇÃO – A moderação é o fio de seda que corre pelo colar de pérolas de todas as virtudes (Bishop Hall). – Moderação, deveria ser uma das primeiras virtudes a serem praticadas pelo Maçom (Derly – Maçom). – Eu penso que em nossa vida é utilíssimo nunca se exceder em nada (Terêncio).

MORAL – Há moralistas imoralíssimos (Guerra Junqueiro – Maçom). – A moralidade foi feita para o homem, e não o homem para a moralidade (Zangwill). – A moral ensina a moderar as paixões, a cultivar as virtudes e a reprimir os vícios (Lamennais).

MORTE – Cada instante da vida é um passo para a morte (P. Corneille). – Não é a morte que impressiona, é o morrer (Coelho Neto). – Nascer é começar a morrer (T. Guatier).

MULHER – A mulher é uma flor que se estuda, como a flor do campo, pelas suas cores, pelas suas folhas e, sobretudo, pelo seu perfume (José de Alencar). – A mulher representa grande energia, pois ela é o lar, quer dizer, o caráter, a escola, o espírito de toda a humanidade (A. Austregésilo). – Que é mais leve duma pluma? O pó. E do pó? O vento. E do vento? A mulher. E da mulher? Nada (Epigrama medieval). – A mulher é o símbolo de ternura e amor (José de Alencar). – A mulher é a primeira obra do Universo (Lessing). – Entre a mulher e o homem só poderá existir uma simpatia de epiderme e nunca uma simpatia de inteligência, de alma e de caráter (Chamfort – Maçom). – A mulher não é nada inferior ao homem, é outra, eis tudo. E é por não terem querido compreender essa diferença criada pela natureza que, quase sempre, o homem e a mulher são dois seres inimigos (Mirabeau – Maçom).

MÚSICA – A música é a fé de um mundo, cuja poesia não é senão a alta filosofia (G. Mazzini). – A música é o melhor refrigério para um descontente: por sua causa o coração serena, reconforta-se e renova-se (Lutero). – A música é a única língua universal (Rogers). – A música é a medianeira da vida espiritual com a material (Bettina von Armim) – O desenho é a geometria dos olhos; a música é a dos ouvidos (Condorcet – Maçom).

NAÇÃO – O destino das nações está, quase sempre, condicionado às características e acidentes da sua conformação geográfica (Getúlio Vargas). – Uma raça, cujo espírito não defende o seu solo e o seu idioma, entrega a alma ao estrangeiro, antes de ser por ele absorvida (Rui Barbosa – Maçom). – Todas as grandes coisas têm sido feitas pelas nações pequenas (R. Disraeli).

OBEDIÊNCIA – Ninguém tem obrigação de obedecer àquele que não tem o direito de mandar (Cícero). – Piedade e obediência; eis as raízes da humanidade (Confúcio). – Somente a obediência dá direito ao comando (Emerson).

OBRAS – As palavras são filhas do vento; as obras, filhas da alma (W. Jones). – É das obras que vem a criatura – O galardão e a pena que merece (Guerra Junqueiro – Maçom). – Todas as obras da Divindade são cheias da sua providência (Marco Aurélio).

OCIOSIDADE – A ociosidade é como a ferrugem, gasta mais do que o trabalho: – a chave de que nos servimos está sempre limpa (Roosevelt – Maçom). – O homem ocioso é como a água estagnada – corrompe-se (Latena). – Um ocioso é um relógio sem os dois ponteiros, inútil quando anda e quando parado (Cowper).

PACIÊNCIA – A paciência é a arte de esperar (Vauvenargues). – A paciência é a chave da justiça (Provérbio árabe). – A paciência é uma árvore cuja raiz é amarga mas que produz os mais doces frutos (Provérbio persa).

PÁTRIA – A pátria é a família amplificada (Rui Barbosa – Maçom). – Deve-se, antes de tudo, servir à Pátria, qualquer que seja o seu governo (Osório – Maçom). – Ninguém ama a pátria porque é grande, mas porque é sua (Sêneca). – A pátria é mãe comum de todos (Cícero). – O povo é a Nação, a Nação é a Pátria, a Pátria uma religião (Osório – Maçom).

PAZ – A inscrição “Paz perpétua” não pode pôr-se senão sobre a porta de um cemitério (Leibniz). – O homem que deseja viver em paz tem de ser surdo, cego e mudo (Provérbio turco).

PERFEIÇÃO – Ser justo e bom, é ser perfeito (Lúcio de Mendonça). – Um homem não pode ter a ideia da perfeição em um outro, se nunca a sentiu em si próprio (R. Steele).

PERSEVERANÇA – A perseverança é o grande agente do êxito (G. Dargan). – A perseverança é o fundo da virtude (Balzac). – A perseverança é a virtude pela qual todas as outras virtudes frutificam (A. Graf).

PIEDADE – A piedade não é um presente entre amigos, é um amor sem condição e que não espera resposta (Coelho Neto). – O anjo da Piedade evita os caminhos da guerra! (E. Darwin).

PODER – De todas as paixões que agitam a sociedade, a mais

funesta e sanguinária é a ambição do poder (G. de Magalhães). – O furor de dominar é a mais terrível das doenças do espírito humano (Voltaire – Maçom). – O poder sem moral converte-se em tirania (Balmes).

POESIA – O poeta é o homem que dá; o rico é o homem que toma (Murilo Mendes). – A poesia é necessária ao homem. Quem não ama a poesia tem um espírito árido e pesado; efetivamente os versos são a música da alma (Voltaire – Maçom).

POLÍTICA – Todo o mal do Brasil é que a política é uma profissão; mas os políticos não são profissionais (Pe. Júlio Maria). – Que grande parlamentar teria sido Judas! (A. Tournier). – A arte da guerra é a arte de destruir os homens, como a política é a arte de enganá-los (D'Alembert – Maçom).

PROGRESSO – Ousar: o progresso só assim se obtém (V. Hugo). É já um grande progresso o desejo de progredir (Rollin). – O verdadeiro instrumento do progresso dos povos encontra-se no fator moral (G. Mazzini).

PRUDÊNCIA – De todas as qualidades da alma, a mais eminente é a sabedoria, a mais útil é a prudência (Barthélemy). – O homem prudente é como um alfaiate: a cabeça impede-o de ir muito além (Anônimo). – Os prudentes sempre prevalecem sobre os audazes (T. Gautier).

QUALIDADE – Queres saber as qualidades que faltam a um homem? Observa as que ele se gaba de possuir (Conde de Segur).

RECOMPENSA – Recompensas mal distribuídas desanimam aqueles que as merecem (Helvetius).

RECONHECIMENTO – O reconhecimento é a memória do coração (Massieu).

REFLEXÃO – A reflexão é o olho da alma (Boussuet). – Não é um grande homem quem muito sabe, mas quem muito refletiu (Settembrini).

RELIGIÃO – A religião é a única força intelectual que não

pode perder terreno, porque se a comprimir e a apertais, ela sobe (Joaquim Nabuco – Maçom). – Religião: a nossa amiga neste mundo e companheira no outro (Tagore).

REPUTAÇÃO – A popularidade é como a juventude: uma vez passou não volta mais (L. A. Pétiet). – Reputação, reputação, reputação! Ó, eu perdi minha reputação! Perdi a parte imortal de mim mesmo, e o que resta é bestial (Shakespeare). – A reputação é espelho cristalino; qualquer toque o quebra, qualquer bafo o empana (D. F. M. Melo).

SABEDORIA – Derivada do verbo saber (do latim *Sapere*). É o acúmulo do conhecimento, particularmente da ciência e arte maçônicas. É sabido que uma Loja Maçônica é sustentada por três pilares alegóricos, representadas nas colunetas de Minerva, Hércules e Vênus, respectivamente personificadas nas pessoas do Venerável Mestre, do 1° e do 2° Vigilantes, donde derivam as abreviaturas S∴ S∴ S∴ (*Sapientia* – sabedoria, *Salus* – saúde e *Stabilitas* – estabilidade moral, firmeza de caráter e segurança). – Não sei nem como penso, nem como vivo, nem como sinto, nem como existo (Voltaire – Maçom). – O sábio não precisa de nada (Sêneca). – O fausto da sabedoria ainda é maior ostentação do que a mesma sabedoria (Sócrates).

SEGREDO – Alec Mellor (francês), um dos grandes maçonólogos (escritores maçônicos), em seu "Dicionário da Franco-Maçonaria e dos Franco-Maçons", assim define o "Segredo Maçônico": A Franco-Maçonaria não é uma sociedade secreta, isto é, uma sociedade que dissimula a sua própria existência. O Segredo que ela afirma deter corresponde a duas noções bem distintas:

a) – *Os Segredos* (a palavra é, nesse caso, empregada no plural) são as Palavras, Sinais e Toques pelos quais os Franco-Maçons se reconhecem uns aos outros e, de acordo com a expressão do Ritual *Emulação*, pelos quais "se distinguem dos outros homens".

b) O Segredo (no singular) é um conceito totalmente filosófico, de conteúdo variável, concebido por alguns como o estado de iluminação interior que se alcança pela Iniciação, que a linguagem humana não poderia traduzir e, portanto, trair, pois as palavras correspondem a conceitos, enquanto o pensamento iniciático transcende o pensamento conceitual. Para outros, o *Segredo* não conduz um conteúdo de ideias, mas é de ordem moral e não passa de *ascese* simbolizada pelo Ritual e destinada a realizar o homem ideal. A concepção cristalizada dessa ascese torna-a um meio privilegiado de salvação.

O segredo, que é o estado de quem se abstém de falar, tem estrita ligação com o silêncio, com a sobriedade, e sobretudo com a discrição. Faz-me lembrar aqueles três "macaquinhos', um cobrindo os olhos, o outro o ouvido e o terceiro a boca, que se encerra na tríade latina: *Videre, Audire* e *Tacere*, traduzindo: Ver, Ouvir e Calar.

Se desejas que uma coisa seja secreta, não a digas; se queres que ninguém a saiba, não a faças (F. Denis). – O Segredo é uma rede; rompendo-se uma malha, todo o resto se rasga (V. Hugo). – Quem conta os segredos alheios é um traidor; quem conta os próprios segredos é um tolo (Voltaire – Maçom). – Toda revelação de um segredo é culpa de quem o confiou (La Bruyère).

SINCERIDADE – Sinceridade é falar com o coração aberto e a encontramos em muito pouca gente. O que nós comumente chamamos de sinceridade não é senão uma sutil dissimulação para atrair a confiança dos outros (La Rochefoucauld). – Falar com sinceridade sobre coisas que devemos calar, é ofender aqueles de quem falamos, é falar à prudência, à honestidade e caridade (Fletcher).

SOLIDARIEDADE – Não há sinal mais expressivo da civilização de um povo que a sua solidariedade na tradição e no desenvolvimento, nas aspirações e nas ideias, nas simpatias e nos dissabores, na resistência aos males do governo ou na luta contra as calamidades da natureza (Rui Barbosa – Maçom). – Ser solidário é compartilhar com o irmão, na desventura e na felicidade, na dor e no resultado feliz (Derly – Maçom).

SUPERSTIÇÃO – A superstição é para a religião o que a borra é para o vinho, e o que os resíduos são para os metais (Franklin Roosevelt – Maçom). – A superstição é a religião dos espíritos fracos (Bacon).

TALENTO – O mundo está cheio de gente de talento que não sabe como deve pensar (Voltaire – Maçom). – O talento se forma na tranquilidade; o caráter na tormenta do mundo (Goethe – Maçom).

TEMPERANÇA – O Rito Brasileiro, buscando um completo aprimoramento moral para os seus integrantes, além de inserir na nomenclatura dos Graus filosóficos virtudes que aprofundam os conceitos inerentes aos bons costumes, tais como a Tolerância, Prudência, Probidade e a Perseverança, destinou o caráter do Grau 12, consagrando-o à Temperança. Segundo Navarrete, a temperança é a mãe de todas as virtudes, e Demófilo assegura que a temperança é a robustez da alma.

TOLERÂNCIA – Ajustamos o mesmo conceito emitido para a Temperança. – A tolerância é tão necessária na política como na religião: somente o orgulho nos torna intolerantes (Voltaire – Maçom). – Há um limite onde a tolerância cessa de ser uma virtude (Burke).

TRABALHO – O trabalho nasce espontaneamente da alegria, como um fruto que nasce espontaneamente duma flor (Guerra Junqueiro – Maçom). – Os homens que amam o trabalho são naturalmente otimistas. A vida é o próprio lavor em evolução, e amar o trabalho é amar a vida (Austregésilo). – O trabalho afasta de nós grandes males: o tédio, o vício e a necessidade (Voltaire – Maçom). – O homem que não trabalha não sabe servir a Deus (R. Teófilo).

TRIUNFO – Triunfar o homem de si mesmo é a consumação da filosofia (Diógenes). – De todos os prazeres que Deus permite ao homem sobre a terra é o mais vivo de todos o triunfo do seu país (Mme. de Staeel).

UNIVERSO – Nada no mundo é insignificante (Schiller). – O universo é um pensamento de Deus (Schiller).

VAIDADE – *Vanitas vanitatum et omnia vanitas* – vaidade das vaidades e tudo é vaidade. – Mocidade vaidosa não chegará jamais à virilidade (Rui Barbosa – Maçom). – A vaidade dos pequenos autoriza o orgulho dos grandes (Mirabeau – Maçom). – A vaidade é cem vezes mais cara que todos os vícios (E. About).

VERDADE – A verdade é para os loucos um facho que brilha no nevoeiro, porém sem que o dissipe (Helvétius – Maçom). – A verdade é o alicerce da autoridade (Catão). – O homem pode aspirar à virtude, não pode porém razoavelmente pretender encontrar a verdade (Chamfort – Maçom). – A claridade vem só do amor e da verdade (Guerra Junqueiro – Maçom). A verdade é a alma da história (A. de Solis).

VÍCIOS – Os vícios e o crime andam sempre em companhia (Marquês de Maricá). – A virtude é comunicável, mas o vício é contagioso (Marquês de Maricá). – Custa mais caro sustentar um vício do que educar dois filhos (Franklin Roosevelt – Maçom). – O que o povo chama vício é eterno: o que chama virtude, é apenas moda (G. B. Shaw).

VIDA – Se amais a vida não prodigalizeis o tempo; pois é o estofo de que ela é feita (Franklin Roosevelt – Maçom). – O traço todo da vida é para muitos um desenho da criança esquecido pelo homem e ao qual este terá sempre de se cingir sem o saber... (Joaquim Nabuco – Maçom). – A vida é divina, porque é bela (Guerra Junqueiro – Maçom). – Viver é uma doença de que o sono nos cura em algumas horas; este é um paliativo; só a morte é um remédio (Chamfort – Maçom). – Uma vida inútil é uma morte prematura (Goethe – Maçom). – A vida não nos pertence; ela está nas mãos do Grande Arquiteto do Universo (Derly – Maçom).

VINGANÇA– A vingança é uma espécie de justiça selvagem (Bacon). – Se abrirmos a porta à vingança, para nada mais haverá tempo (Imperador Tibério). – A melhor vingança é não imitar o ofensor (Luís XVI).

VIOLÊNCIA – Ninguém se faz amar pela força ou pela violência (Sêneca). – Os excessos e as violências são os maiores atentados contra a liberdade (Villemain).

VIRTUDE – Estas sete letras que compõem este substantivo feminino, foram por nós escolhidas para encerrarmos esta série de vocábulos que oferecemos às Comissões responsáveis pelos aumentos de salários, não só dos Graus simbólicos como para todos os Altos Graus, inclusive para o final de carreira, ou seja: Grau 33. Vamos tentar oferecer oportunidade para que o Maçom desenvolva temas para uma vida real, e não no ramerrão fastidioso da rotina ou da repetição constante. Deixemos de lado os vocábulos dos "usos e costumes", e vamos oferecer aos Candidatos uma terminologia que force sua memória para desenvolvimento do tema que lhe for apresentado. A Maçonaria não é uma casta, entretanto, a grande maioria de seus membros é composta de homens portadores de diplomas universitários, e mandar que ele desenvolva um trabalho sobre a *beneficência maçônica*, me perdoem os Irmãos, é menosprezar o Irmão dotado de cultura superior.

– Quem maldiz a virtude, maldiz a si próprio; quem fere a virtude, trucida a si próprio (Mahabárata).

– A virtude é por si mesma digna de louvor, e sem ela nada poderá ser louvado (Cícero).

– Quem semeia virtudes, recolhe fama (Da Vinci).

– A virtude deve ser a felicidade e o vício a miséria de todas as criaturas (Butler).

– A virtude é a conquista da vontade sobre a natureza (E. Kant).

– A virtude é como o segredo; oculto, conserva-se; manifesto, perde-se (Pe. Antonio Vieira).

Udo Becker, em seu "Dicionário de Símbolos", assim comenta sobre Virtudes:

> *Na arte cristã as virtudes são simbolizadas por figuras femininas e os vícios por figuras masculinas ou femininas e são reconhecíveis pelos seus atributos. Às quatro virtudes cardeais (**Fortitudo, Justitia, Prudentia, Temperantia**) somam-se as três virtudes teologais, **Fides, Spes, Caritas**, que às vezes são complementadas pela **humulitas**.*

O 22 de Abril para os Brasileiros

É muito comum dizer-se que o brasileiro tem memória curta, esquece os fatos com facilidade, rapidez, principalmente as datas históricas que, pela falta de patriotismo ou civismo, passam totalmente despercebidas, recordam com entusiasmo que no dia "X" é feriado ou um feriadão.

O dia 22 de abril, para nós Maçons, seria apenas o segundo dia do mês, II da V.·. L.·., ou ainda um dia após o 21 de abril, que hoje se consagra ao Patrono da Nação Brasileira – Tiradentes, o herói da Conjuração Brasileira, e não só Mineira, isto, se não houvesse um relevante fato histórico.

Uma destas datas que passam totalmente despercebidas, quer pela imprensa, pelo Congresso, pelos estabelecimentos de ensino, quer pelas Forças Armadas, enfim, pelo povo brasileiro, é o 22 de Abril (que deveria ser Feriado Nacional em substituição a outras datas de menor relevância), data em que, na tarde do ano de 1500, a esquadra composta de treze embarcações, ou seja, dez Naus e três Caravelas, estas mais rápidas do que as primeiras, ambas a velas, atingiram o litoral sul da Bahia. Estava descoberto o nosso **BRASIL!**

Comandada que era pelo navegador português, Pedro Álvares Cabral, com um efetivo de cerca de 1.300 homens – estavam assim os integrantes da Esquadra diante de uma terra desconhecida, de cuja extensão territorial não tinham a menor ideia, supondo-se, em princípio, tratar-se de uma enorme ilha.

No dia imediato, ou seja, dia 23 de abril, houve o desembarque e a descrição da terra e seus habitantes (aborígenes ou índios), foi feita por Pero Vaz Caminha, em carta enviada ao rei Dom Manuel, e levada por Gaspar de Lemos, cuja Nau regressou a Lisboa, logo a seguir.

Os demais fatos históricos que envolvem à época, todos nós, mais idosos, aprendemos nos bancos escolares primários.

Nossa intenção é de caracterizar o que representa, como valor moral e patriótico o 22 de Abril, e não os meandros da sua descoberta.

O nosso Brasil tem situação de relevância na América Latina, onde não só é o país de maior área e população como também o que possui maior parque industrial, destacando-se, ainda, como o sétimo entre os mais populosos e o quinto em extensão territorial, sendo em terras contínuas superior aos EUA, e possui a maior bacia hidrográfica do universo.

Somente estas citações já seriam motivos suficientes para nos orgulharmos do sagrado privilégio de sermos filhos desta grande e sagrada terra, como dizia o poeta patrício, Gonçalves Dias:

Nosso céu tem mais estrelas,
Nossas várzeas têm mais flores,
Nossos bosques têm mais vida,
Nossa vida mais amores.

A Pátria é o lar de um povo; depois de nossos pais, que recebem o nosso primeiro grito, é o solo pátrio que recebe os nossos primeiros passos. Aquele que é capaz de amar e defender seu próprio lar, jamais poderá deixar de sentir no coração esta flama ardente de entusiasmo e de ideal puro que denominamos de patriotismo, já se expressava Ronald de Carvalho.

Terra que herdamos de nossos pais, de nossos antepassados, que a regaram com o seu suor e a defenderam com o seu sangue.

E nestes últimos dias Vinte e Dois de Abril, o que temos assistido com os que dirigem o destino desta Nação Brasileira?

Fluem em seus semblantes o suor do trabalho construtivo ou derramam lágrimas de sorrisos como a que escarnecerem da miséria que lastra em muitas aldeias e nos campos de nossa terra?

Campeiam a desonestidade e a corrupção; aumentam as taxas e se sobrepõem os juros de uma inflação camuflada. A lei de "Gerson" é manipulada em quase todas as atividades do Poder Público.

Os delitos são acobertados pelos "*habeas corpus*" – a lei não foi feita para ser cumprida, e sim para ser interpretada – a Polícia prende o delinquente – a Justiça solta...

O Serviço Público está por demais volumoso, multiplicaram-se os Ministérios, o erário público, proveniente dos impostos obrigatórios, é farto para remunerar os apaniguados.

É o que vejo, sinto e lamento, que o 22 de Abril, para o brasileiro patriótico, para o que ama e respeita seu torrão natal, aquele que tem sua moral ilibada, que traz do lar doméstico, e que permanece indelével, lembra-se da célebre frase de Rui Barbosa:

> *...o homem chega a desanimar da virtude, a rir-se da honra, a ter vergonha de ser honesto.*

Concluindo, cito novamente Ronald de Carvalho:

> *Minha Pátria está na consciência que tenho da sua grandeza moral e nessa lição de ternura humana que a sua imensidade me oferece, como símbolo perene de tolerância desmedida e infinita generosidade.*
>
> *Minha Pátria está em ti, minha Mãe!* No *orgulho comovido com que arrancaste das entranhas do meu ser a mais bela das palavras, o nome supremo:*
>
> *BRASIL*

A Universalidade Maçônica

> *A Maçonaria é universal; ela, porém, não é desnacionalizante, porque se a Maçonaria não tem Pátria, os Maçons a têm.*

Quando nos inclinamos a meditar sobre matéria a ser desenvolvida no campo maçônico, sentimos certa dificuldade, principalmente quando o estudo se desenlaça em um passado remoto.

Leadbeater afirma:

> *Seria um empreendimento colossal escrever uma história da Maçonaria, pois seriam necessários conhecimentos enciclopédicos e muitos anos de pesquisas. Não tendo a pretensão de possuir as qualidades e a erudição requeridas para produzir obra de tal vulto.*

Para nós que vivemos numa atividade profana por quase quarenta anos, abraçado à carreira militar, e da qual, tanto quanto na Ordem Maçônica nos empenhamos de coração e por vocação convicta, não é difícil exercer esta digna profissão de fé.

Não há como contestar a universalidade da Ordem Maçônica que, apesar de não ser religião, é proclamada como uma Instituição ecumênica, não o ecumenismo fanático, mas o consciente.

Sabiamente o Rito Brasileiro inseriu na sua regulamentação a obrigatoriedade da leitura, na abertura dos trabalhos, além do texto bíblico, mais o seguinte: – "constitui um dos altos objetivos do

Rito, o incentivo e a prática do civismo em cada pátria", exortando assim que o "civismo" não é xenofobia e os valores nacionais se inserem no contexto dos valores humanos sem inveja nem rivalidade.

Praticada em mais de uma centena de países, segundo as últimas estatísticas, a Ordem Maçônica atinge os quadrantes da terra e em todos eles só há uma definição:

> *A Maçonaria é uma instituição essencialmente filosófica e progressista, sendo também caritativa e filantrópica, que tem por objetivo a indagação da verdade, o estudo da moral e a prática da solidariedade, trabalhando universalmente para o melhoramento material e moral, bem como pelo aperfeiçoamento intelectual e social da humanidade.*

É sem dúvida uma, algumas vezes centenária, instituição intelectual e social, e, por isso, remonta à antiguidade.

Segundo alguns autores mais afoitos, a Ordem Maçônica teria nascido da necessidade da união associativa do homem primitivo, citando, entre outras, as povoações egípcias milenares, nas quais me ponho em meditação ou dúvida.

A sua universalidade e o seu caráter de feitio nacional, isto é, de se caracterizar em cada Pátria onde atua está intimamente ligada à sua história documental e não à história suposta.

Não tem Pátria porque não teve criador; procura-se, de há muito, quem teria tido a sublime representação mental concreta da criação tão expressiva, tão fulgurante, desta organização que tomou vulto internacional e quem mantém incólume seus preceitos, em destaque os meios de comunicação universais vigentes até os dias atuais.

Miguel Arão, referindo-se à Maçonaria, indaga e ele mesmo responde:

> *Fixai uma data à civilização, às ideias de liberdade, aos primeiros anseios do homem pelas reivindicações de sua consciência, pelos fundamentos de seu altruísmo, pela base de sua evolução*

espiritual – e aí achareis coexistindo esse traço luminoso de luz que inspirou os primeiros Iniciados e fixou os primitivos balbucios da liberdade humana, no que ela possui de mais precioso e intangível...

Nosso tema não se prende aos antecedentes da Ordem, e sim, da sua universalidade, que é fato inconteste que ela está disseminada e atuante em quase todos os países do mundo – raros os países que não possuem uma Loja Maçônica de Colunas erguidas.

Existe uma indagação que "paira no ar" – quais são as razões principais que tornaram a Ordem Maçônica Universal. Teria sido movida por ser uma Ordem Iniciática, ou por guardar discretamente seus mistérios que eram passados sempre por comunicação sigilosa? Seus Símbolos de profundo valor levariam a que ela penetrasse em cada país com o intuito de orientar as nações no sentido de uma dctcrminada filosofia dc vida?

Já afirmaram que a Maçonaria do "amanhã" começou quando nasceu.

Somos, nós Maçons, de uma procedência desconhecida, no entanto, o estreitamento dos laços de amizade fraternal deve ser uma característica forte da nossa união.

Rizzardo da Camino, em "Introdução à Maçonaria" assim nos dá conta:

A história da Maçonaria não é a história do homem, mas sim a história daqueles que se preocuparam com a valorização do homem dentro de uma sociedade; não valorização econômica; não valorização técnica; não valorização religiosa natural do homem, para que ele possa, descobrindo as suas potencialidades, realizar-se e ser feliz.

Nos detalhes fixados por Jost Dotzinger, Presidente da Loja de Estrasburgo, com base nos antigos costumes da Instituição, encontramos um item que determina a obrigatoriedade do Maçom ser um homem de fé, e no seu trabalho buscar a perfeição, posto que o operário deva ser sempre um instrumento do Grande Arquiteto do Universo.

CONCLUSÃO

O fato existe e, é real e concreto. A Maçonaria é universalmente praticada, acolhida e respeitada por onde se instale.

Não é desnacionalizante.

> *Há em cada país, derivada de sua unidade histórica e do gênio de seu povo, uma vocação nacional, que é preciso resguardar. Acentue-se bem: – a Maçonaria é universal. Ela não é americana em Washington, inglesa em Londres, prussiana em Berlim, francesa em Paris, turca em Istambul, brasileira no Rio de Janeiro. A Maçonaria é universal e una, mas em cada país assume características peculiares, consoante com a Arte, a Ciência e a Religião, que são também universais. Unidade não é uniformidade... Já se findou o tempo em que o Maçom se comprazia em ser o homem do Passado. Hoje ele terá de ser um homem do Presente, a caminho do Futuro, adestrado na solução das controvérsias, nesta época de uma civilização em mudança. O Maçom de hoje tem que sentir as grandes correntes de pensamento e ação, que o rodeiam. Já foi dito magistralmente: – o Maçom vive com o seu século e constrói para o seu século.*

Se a Ordem é universal, os Maçons, obviamente, não o são. São patriotas e praticam o patriotismo em cada Pátria, obedecendo aos mesmos princípios, praticando a mesma ritualística, transmitindo e executando os mesmos Sinais e cumprindo os mesmos Landmarques.

Símbolos de A a Z
(Maçônicos e não Maçônicos)

Símbolo, s.m. (do gr. *symbolon*, pelo lat. *Symbolum*). Para Silveira Bueno, é a imagem, sinal ou objeto a que se dá uma significação moral, fundado em relação natural; imagem empregada como sinal, etc.

André Lebey diz que "símbolo é o tutor da inteligência, na pesquisa do indevassável".

Podemos encontrar o símbolo gramatical na informática, na numismática, na química, na religião, na retórica, na técnica ou na teologia.

Para Carlyle,

> *o homem vive, trabalha e existe em e por meio de símbolos, quer o faça consciente ou inconsciente: as épocas mais apreciadas da humanidade são aquelas em que os símbolos têm maior significação.*

Procuramos conceituar os símbolos, preferencialmente, ligados ao nosso meio maçônico, abrangendo todos os graus da hierarquia.

Abelha – é um animal (inseto), símbolo relacionado com o trabalho na organização da colmeia, fábrica do mel, e da pureza, uma vez que sua melhor fonte são as flores. Seus favos simbolizam a união fraternal maçônica.

Acácia – para o Maçom é o Símbolo da imortalidade, visto que a sua madeira é por demais resistente e duradoura.

Água – Símbolo da purificação e também da fertilidade, está intimamente ligada à Iniciação.

Águia – aparece em vários Graus (altos) da Maçonaria, figurando como a ave símbolo da audácia, da coragem e da perspicácia.

Alfa – a primeira letra do alfabeto grego – significa princípio. Na Bíblia, assim como na arte e na literatura cristã, é o princípio de tudo. O símbolo do abrangente, isto é, Deus, o primeiro, antes de tudo.

Altar – em Maçonaria não há uma definição simbólica de altar, talvez o termo pedestal fosse o mais apropriado, posto que, representando o ponto mais elevado para ter assento as dignidades, estaria simbolizando os cargos de destaque de uma Loja.

Ampulheta – símbolo da irreversibilidade do tempo e da vida. Entre as quatro virtudes cardeais, simboliza a temperança, a moderalidade e a sobriedade.

Anel – considerando que o anel não tem princípio e fim, é considerado o símbolo da eternidade. Em Maçonaria, no 14º Grau de alguns Ritos, o Candidato ao ser Elevado recebe um anel como Símbolo da união, da fraternidade e da fidelidade, como a seguinte legenda:

> *Virtus junxit mors non separavit – O que a virtude une, a morte não separa.*

Artes – os Rituais Maçônicos falam muito em Artes Liberais, que indicam a ordem do saber, ricas de simbolismos. Udo Becker, assim se expressa: Sob as asas da filosofia distribuem-se as indispensáveis sete artes liberais:

> – *gramática, retórica e lógica (dialética), formam o assim chamado **trivium***

– *música, aritmética, geometria e astronomia, o assim chamado quatrivium.*

Todas elas também podem ser componentes de muitos programas de imagens.

Árvore – a renovação do seu foliar no período da primavera, representa como símbolo do renascimento da vida na procura de vencer o enigma da morte.

Baldaquino – também conhecido como baldaquim, é uma espécie de "dossel ou pálio". Exemplificamos como sendo a cobertura que fica sobre o trono de Salomão, onde tem assento o Mestre da Loja. É tido como símbolo da Jerusalém Celeste ou como protetor das dignidades e santificadas.

Bandeira – embora a bandeira tenha um simbolismo muito diversificado, a que mais expressão patriótica desperta é a representação como símbolo de uma pátria ou da nacionalidade.

Bode – poucos dicionaristas maçônicos fazem referência ao bode. Castellani enfatiza que é o macho da cabra, com cavanhaque e cheiro nauseabundo.Conceituo o bode na Maçonaria como "símbolo da brincadeira, da galhofa e até mesmo do escárnio"...

Cálice – como vaso ou recipiente, e que passado de mão, representa, simbolicamente, a fraternidade, a união e a amizade.

Candelabro – simples, é o símbolo da luz; o de sete braços é tido como o símbolo do Antigo Testamento. Para os judeus, simboliza a árvore da vida, e os sete braços, os sete planetas ou as sete palavras que compõem o primeiro versículo de Gênesis.

Chapéu – usado por Mestres Maçons em determinados Ritos e Cerimônias, denominado "desabado ou de aba mole", é tido como símbolo do peregrino.

Cinzel – instrumento de trabalho do Aprendiz Maçom; Símbolo da alegria ou da emoção.

Círculo – símbolo da perfeição, do absoluto e da unidade.

Cisne – em determinadas regiões do globo terrestre, o cisne branco é o símbolo da luz, da pureza e até mesmo da atração pessoal, ao contrário do cisne negro que traduz um simbolismo do ocultismo, das práticas mágicas.

Coluna – geralmente é o símbolo da firmeza e da força, de Sansão ou de Hércules; para os Maçons, as colunas na entrada do pórtico do templo de Salomão, encimadas pelas romãs, significam a união e a universalidade entre os Irmãos Maçons. Simboliza ainda a união entre o céu e a terra; na sua estrutura completa, isto é, *base, fuste e capitel*, simboliza a árvore da vida.

Compasso – usado como instrumento que planeja e projeta, é o símbolo da ação criadora da razão, da prudência, da moderação e da justiça. Maçonicamente, simboliza o instrumento para medir nossas ações e retidões.

Crânio – preferimos este termo ao invés de caveira, que serve de profunda meditação para o Iniciado, e que ele reflita principalmente sobre a transitoriedade da vida, ou seja, que nossa passagem pela terra é efêmera. "*Ó tu, que me estás olhando / Olha bem, que vivas bem; / Porque não sabes, o quando / Te verás assim também*" (Gregório de Matos).

Cruz – é o símbolo universal da fé cristã, um dos mais antigos símbolos difundidos. "A cruz é o símbolo do meio, do equilíbrio entre a atividade e passividade, do homem perfeito".

Escada – tal qual a "coluna", em conceitos diversos ou variantes, é o símbolo que liga o céu e a terra, ou, ainda, símbolo da ascensão. Entre os Maçons, faz lembrar que Jacó, em sonhos, viu uma escada que da terra se elevava até o céu e os anjos de Deus desciam e subiam por ela.

Espada – é o Símbolo Maçônico usado para destruir e exterminar o vício, a ignorância e a prepotência humana.

Espiga – definida nas culturas antigas mais altas como símbolo da fertilidade e da natureza vegetal.

Esquadro – um dos instrumentos de relevada importância na simbologia maçônica, pois, além de significar a retidão, a franqueza e a legitimidade, é componente das Três Grandes Luzes da Maçonaria, completadas pelo Livro das Sagradas Escrituras e do Compasso.

Estrela – é também um dos símbolos universais de maior tradição; a estrela, entre vários conceitos de símbolos, representa a luz que penetra nas trevas. É usada em astronomia, heráldica, geometria, história, matemática, e, pela Ordem Maçônica, como Símbolo próprio de cada classificação, tais como: Estrela de Cinco, Seis e Sete pontas, Estrela Flamígera, Estrela de Davi, etc.

Flor – inegavelmente, a flor é o símbolo da Coluna da Beleza entre os Maçons; para o mundo profano, a flor simboliza a beleza feminina. Diz uma quadra popular:

Até nas flores se encontra
A diferença da sorte!
Umas enfeitam a vida,
Outras enfeitam a morte.

Fogo – para muitos é o símbolo da renovação, da purificação e do renascimento. "*Igne natura renovatur integra* – a natureza é inteiramente regenerada ou renovada pelo fogo".

Galo – é muito variado o simbolismo do "dono do terreiro". Em Maçonaria, é o Símbolo da vigilância, como é o Símbolo da vitória da luz sobre as trevas, considerando o seu relacionamento com o romper da aurora, anunciando a chegada de um novo dia.

G.·. A.·. D.·. U.·. – abreviatura usada entre os Maçons para significar o Grande Arquiteto do Universo, também tido como Supremo Arquiteto do Universo, Soberano e Criador dos Mundos, enfim, Deus, "O Ser Onipotente, Pessoal, Espiritual, que está acima da nossa compreensão, mas se revelou à humanidade na obra da criação e em atividade contínua na história. Criou e conserva a vida".

Hércules – em determinados Ritos Maçônicos, sua estátua é colocada junto ao pedestal do 1º Vigilante, sendo, portanto, o Símbolo da *Coluna da força.*

Iniciação – herdada dos povos primitivos, a Iniciação Maçônica é desenvolvida com práticas simbólicas, dentro dos princípios previstos nos Rituais apropriados, destacando-se o simbolismo do ingresso do Candidato em um *novo estágio da vida.*

Hexagrama – selo do rei Salomão, estrela de Davi e estrela de seis pontas, formada por dois triângulos superpostos e entrelaçados. Simbolicamente, o triângulo *ascendente* forma as luzes da Loja (Mestre da Loja, 1º e 2º Vigilantes) e o *descendente* os que completam a Loja (Orador, Secretário e Cobridores).

Livro – símbolo da erudição, do conhecimento e da sabedoria. "*The true University of these days is a collection of books*" – "A verdadeira Universidade de nossos dias é uma coleção de livros" (Ibidem).

Louro – na Grécia antiga, o louro era usado para purificar física e moralmente o ser humano, passando, juntamente com a oliveira, a simbolizar a vitória, o triunfo, o êxito brilhante.

Lua – simboliza os mistérios da energia feminina. Nos Templos Maçônicos, emblematiza o Ocidente.

Mar de Bronze – Vaso, no qual, simbolicamente, contém as águas dos mares e oceanos, onde o Candidato se purifica pelo terceiro elemento alquímico – a água.

Mel – como alimento é o símbolo da força e da vitalidade; era o símbolo da faculdade do conhecimento espiritual e da iniciação.

Maçã – sobretudo a vermelha que é o símbolo da fertilidade e do amor; por sua forma esférica, indica também a imortalidade e a terra.

Menorá – (termo hebraico) candelabro de sete braços, além de símbolo judaico, recorda os dias da semana, ou o sol e a lua e os cinco planetas principais; sua formação de três arcos em "U", representa a sabedoria, força e beleza.

Nível – instrumento pelo qual se verifica a horizontalidade dos elementos da construção; maçonicamente é o símbolo da Igualdade, da equidade, da retidão da harmonia que deve reinar entre os Irmãos.

Nó – é o símbolo da união, do liame e da ligação com forças que protegem, é o caso do mundo islâmico que tem o nó como símbolo que dá proteção.

Números – as civilizações, em sua maioria, assim como as religiões, nas artes, na música, na arquitetura e na Maçonaria, os números são ricos de simbolismo, sendo um dos Livros bíblicos.

Olho – é o principal órgão da percepção, neste caso simboliza a luz; na Bíblia o olho aparece como símbolo da Onisciência, da vigilância e da Onipresença protegedora do G.·. A.·. D.·. U.·..

Oliveira – considerada o símbolo da harmonia, da reconciliação, agregada ao louro na formação de uma coroa, simboliza a vitória, a conquista e a paz.

Ômega – a última letra do alfabeto grego, simboliza, sobretudo no cristianismo e também na Maçonaria, o fim, a consumação; juntamente com Alfa, completa o princípio e o fim, o nascimento e a morte.

Ouro – tido como o mais nobre dos metais, o ouro, além de simbolizar a riqueza, pela sua resistência ao calor, é tido como o símbolo da eternidade, da fixidez e até da perfeição.

Pão – considerado o alimento físico universal, tem um simbolismo variado, principalmente nas religiões. Em Maçonaria podemos conceituar como símbolo da fraternidade, principalmente na ceia dos Cavaleiros Rosa-Cruz, quando é repartido entre seus integrantes. "Depois de ter lavado os pés de todos os apóstolos, assentou-se à mesa, tomou o pão em suas mãos, benzeu-o, partiu-o e deu-o a seus discípulos, dizendo: "*Tomai e comei. Isto é o meu corpo que será entregue por vós*"...

Pedra – por causa de sua dureza representa o símbolo da imutabilidade. Em Maçonaria, segundo Jaime Pusch, é o Símbolo da matéria-prima, do primeiro estágio da evolução e também símbolo da personalidade rústica do Neófito que deverá ser desbastada até tornar-se polida.

Pelicano – é o símbolo da abnegação, do amor; principalmente maternal; a fêmea quando há escassez de alimentos, rompe seu próprio peito e alimenta seus filhos com o seu sangue.

Pirâmide – esotericamente, a pirâmide é o símbolo da sabedoria misteriosa, do ocultismo, ou seja, do que não se pode provar.

Pó – segundo alguns dicionaristas, são "pequeníssimas partículas de terra seca ou qualquer outra substância que cobrem o solo, se depositam nos aposentos ou se elevam na atmosfera"; no conceito da literatura cristã, o pó é símbolo da passagem efêmera do homem sobre a terra.

Prancheta da Loja – é uma das três Joias fixas de uma Loja Maçônica. Simbolicamente representa o trabalho do Mestre traçando as Peças de Arquitetura do Templo.

Prumo – símbolo da retidão, pela qual o verdadeiro Maçom se esforça e se aprofunda em busca do conhecimento e da verdade.

Quadrado dentro de um círculo – símbolo da eternidade da vida. Significava, para os chineses, o mundo (círculo) e a ordem do mundo (quadrado). (Cf. GDE, pág. 935, Nicola Aslan.)

Quatro Coroados – os Quatro Santos Coroados ou os Quatro Mártires Coroados (Severo, Severiano, Carpóforo e Vitorino, ou Claudius, Casttorius, Symphorianus e Nicostratus, foram, segundo vários autores, patronos da Maçonaria Operativa, tendo o título servido para fundar, em 1884, a famosa Loja de Pesquisas "Quatuor Coronati", nº 2076, da Grande Loja da Inglaterra, cuja listagem de membros correspondentes se eleva, atualmente, ao redor de doze mil.

Régua – um dos Símbolos de trabalho do Aprendiz. Por ser uma reta, sem início e fim, simboliza o infinito.

Romã – de tempos imemoriais, a romã foi símbolo da fertilidade, da fecundidade, encimada nas Colunas do Templo (B e J), simboliza a união fraterna que deve reinar entre os Irmãos Maçons. Sua cor avermelhada simboliza vida e sol e suas múltiplas sementes representam a uberosidade.

Rosa branca – simboliza a pureza; considerada a flor da luz e do luar.

Rosa vermelha – a rosa vermelha sempre foi consagrada a Vênus, símbolo do amor perfeito. Na Maçonaria, a rosa vermelha que aparece no Grau de Cavaleiro Rosa Cruz, simboliza a discrição, a inocência e as virtudes.

Sal – desde tempos remotos, o sal teve um simbolismo diversificado; pela sua limpidez, o sal simboliza a imortalidade. O vocábulo vem de *salus*, deusa romana da saúde, e era usado nas cerimônias em sua honra.

Sol – é o emblema do Oriente, onde tem assento o Mestre da Loja, cujo Avental dos antigos Mestres era decorado com um sol – assim como este nasce a leste anunciando o romper do dia, aquele abre a Loja, anunciando o início dos trabalhos. Simboliza, em várias culturas, a energia masculina, o calor e a luz.

Tau – É a letra "t" do alfabeto grego, e a 22ª letra do alfabeto hebraico. Em meu livro "Peças de Arquitetura" – edição da "A TROLHA" – Fevereiro de 2002, está inserido um artigo sobre o Tau, com o título "Símbolo Bíblico, Cristão ou Maçônico?".

Trolha – este instrumento utilizado, principalmente pelos pedreiros (Maçons operativos), foi incluído na Maçonaria como Símbolo construtivo, uma vez que sua função é a de estender o emboço cobrindo as irregularidades, torna-se para o Maçom também símbolo da perfeição.

Um – "Ser o número um é ser o melhor de todos"; o número um simboliza a unidade a que todas as coisas vivas hão de retornar, representando, espiritualmente, o estado anterior da criação de uma quantidade indeterminada de formas de vida.

Vela – símbolo da luz, da alma pessoal e da relação entre a matéria e o espírito, não sendo propriamente um Símbolo Maçônico e muito mais cristão.

W (dábliu) – letra que atualmente faz parte do nosso alfabeto, sendo usada em abreviaturas, em termos técnicos e em palavras derivadas de nomes estrangeiros.

X (xis) – Vigésima segunda letra do alfabeto português; em matemática, a primeira incógnita e, por extensão, aquilo que se desconhece (o dito popular: o **x** do problema).

Y (ipsilon) – como a letra "W", também faz parte do alfabeto português, usada em abreviaturas e termos técnicos. Em matemática é a segunda incógnita.

Zênite – o ponto em que a vertical de um lugar encontra a esfera celeste acima do horizonte; o ponto mais elevado que se pode atingir; simbolicamente, para a Maçonaria, é a altura infinita da Loja e a posição que o sol ocupa *ao meio-dia*.

CONCLUSÃO

O universo está ao seu redor, repleto de simbologia, e os seus significados se desenvolveram ao longo dos tempos, e suas interpretações estão sujeitas ao encadeamento cultural, quer individual ou coletivo.

Aliada aos Símbolos, a Ordem Maçônica ainda tem em seus Templos e adjacências, alegorias que completam as suas decorações.

O Rito Brasileiro, na abertura dos trabalhos, tem o seguinte diálogo entre o Venerável Mestre e o 1º Diácono:

> *– Por que usa a Maçonaria de Símbolos, 1º Diácono?*
>
> *– Porque se origina dos antigos mistérios, onde o Símbolo e as Alegorias eram a chave da ciência. Conserva-os por tradição e para auxiliar a memória a reter os seus ensinamentos pela impressão que causam ao espírito e aos sentidos.*

Maçonaria

(Secreta ou Discreta)

De início vamos às definições dos vocábulos "secreta e discreta": *secreta* é um substantivo feminino, significa "tese que é defendida só em presença dos lentes", e *secreto* é um adjetivo daquilo que está em segredo, solitário, oculto, desviado do conhecimento público, encoberto, etc.; *discreta* é ser reservada, prudente e até mesmo ajuizada.

Eis o conceito de Maçonaria através da Larousse Cultural – pág. 3.716: "Maçonaria s.f.. (Do fr. *Maçonnerie.*): *Sociedade secreta*, de origem remota, espalhada por todo mundo, cujos membros, que professam os princípios de igualdade e fraternidade, se dão a conhecer entre si por meio de sinais esotéricos".

Julgamos ser de interesse maçônico em geral, transcrever na íntegra o que consta na enciclopédia já por nós citada, para que os Irmãos tomem conhecimento das definições que dizem respeito, profanamente, sobre a nossa Ordem:

> *No século XV, na Inglaterra, as Lojas medievais de **free masons** ("pedreiros-livres"), outrora reservadas aos profissionais do "franco ofício", arquitetos e construtores dos edifícios religiosos e civis, iniciaram em seus mistérios membros da nobreza, da burguesia e do clero. Esses **maçons aceitos**, cada vez mais numerosos nos séculos XVI e XVII, conservaram os Ritos e os*

> *Símbolos da **Maçonaria operativa** tradicional, mas apegaram-se sobretudo às suas interpretações filosóficas e científica, moral e espiritual. Essa universalização "especulativa" do ensino iniciático teve por consequência o aparecimento, no início do século XVIII, da Franco-Maçonaria Moderna, cujas regras internas e unidade doutrinária tiveram por base o **Livro das Constituições**, publicado em 1723, por James Anderson (1662-1728).*

Historicamente, a Franco-Maçonaria exerceu uma influência internacional considerável sobre a evolução das ideias e das instituições nas sociedades modernas, difundindo-se principalmente nos países anglo-saxônicos.

A Iniciação Maçônica comporta três níveis ou Graus: Aprendiz, Companheiro, Mestre, em Lojas ou Oficinas ditas "simbólicas".

A partir do 4º Grau até o 14º, as Iniciações e os trabalhos dos altos Graus dão-se em Lojas de Perfeição, depois do 15º ao 18º Grau, em capítulos, e, do 19º ao 30º Grau, em areópagos. As Iniciações do 30º ao 33º e último Grau correspondem a conselhos que administram os quatro grupos precedentes.

Os Símbolos Maçônicos constituem os elementos de uma linguagem coerente e complexa, mas não de uma doutrina ideológica nem de um sistema dogmático.

> *A tolerância de cada interpretação individual de uma mesma língua esotérica e iniciática basta para distinguir a Franco-Maçonaria dos partidos políticos e das confissões religiosas.*

A grande maioria das publicações referentes à Ordem Maçônica, sejam as revistas que ultimamente têm se proliferado nas publicações sobre o assunto, quer livros, internet e outros meios de comunicação, sempre taxam a Maçonaria como sendo uma "Sociedade Secreta", por vezes comparando-a aos cultos das serpentes, das bruxas, o culto do pavão, dos teosofistas e até mesmo do mago Abramelin.

Não há dúvidas de que, até um passado não muito distante, o Maçom dificilmente se identificava no meio profano, mantendo uma conduta, onde, principalmente, a prudência reinava, não por medida de ordem secreta, e sim como resguardo da própria identidade.

Um dos fatores que tornavam dificultosa a identificação maçônica era a Igreja, que muito mais severa até o século IX procurava alijar do seio social o Maçom. Essa ocultação, por vezes era mantida até mesmo no meio familiar, fato que ocorreu com um dos meus Cunhados, que somente se identificou quando ingressei na Ordem.

É sabido que ainda hoje existem organizações, até mesmo de caráter religioso, que utilizam as técnicas muito assimiladas aos métodos modernos de lavagem cerebral, procurando mostrar aos seus membros que poderão, em um futuro não muito distante, participar como atuantes nas Cerimônias iniciáticas ou não, na esperança da obtenção de lucros materiais.

São sociedades ou organizações que se apresentam com finalidades benéficas, quando na realidade são de natureza fraudulenta, causando danos maléficos aos seus fiéis seguidores.

No decorrer da celebração da missa (os católicos não desconhecem), em todas elas, o padre, em uma das suas orações, assim se expressa, ao iniciá-la: "é justo e necessário...", e aproveito para recordar aos Irmãos que "é justo e necessário", que em todas as oportunidades procurem desmistificar este preconceito de que a Ordem Maçônica é uma sociedade secreta, que pratica Rituais diabólicos através de um bode preto, que cultuamos "bafomé" e outras tantas figuras maléficas.

Tenham sempre em mente que a Ordem Maçônica é uma Instituição que se calca sobre os princípios éticos e morais, tem por objetivo o estudo e a prática da fraternidade, trabalhando sempre em busca da verdade, primando pelo aperfeiçoamento intelectual da humanidade. É uma escola que forma homens para desempenhar papel notável junto à sociedade, seja em que país se instale, considerando que a Maçonaria é uma Ordem de caráter Internacional.

No dizer de Athenágoras Carvalhaes, a Maçonaria honra e dignifica o trabalho, considerando-o um dos deveres mais essenciais do homem; por isso, proscreve a ociosidade voluntária e dá aos seus membros o título dignificante de Obreiros.

E continua: desta definição se deduz, claramente, que a Maçonaria é uma Instituição nascida para combater, com as armas da persuasão e pela força moral do bom exemplo, tudo aquilo que atente contra o progresso da razão e o ânimo da confraternização universal.

São estes alguns dos princípios e fins básicos da Maçonaria.

A Maçonaria e a Imprensa

A *Maçonaria e a Imprensa* é o título de uma palestra proferida nos idos de 1974, por ocasião da 1ª Convenção Nacional do Rito Brasileiro, pelo nosso Irmão Dr. Álvaro Melo Alves Filho, onde é enaltecido o Maçom Jornalista, HIPÓLITO José da Costa Pereira Furtado de Mendonça, que, segundo Kurt Prober, em seu Catálogo dos Selos de Maçons Brasileiros (1984), assim o define:

> *Começo com "Hipólito" estas biografias de Maçons, homenageados em nossos selos postais, por poder ser ele considerado o maior divulgador da Maçonaria no Brasil nos primevos, pela influência que aqui exerceu o seu jornal* CORREIO BRAZILIENSE, *que editou continuamente, de 1808 até 1822, em Londres (Inglaterra), publicação esta ostensivamente proibida em Portugal, em 17.9.1811, 2.3.1812 e 25.6.1817, mas continuando a ser lida, avidamente na "mãe pátria" e na Colônia do Brasil, apesar de aqui também ter sido proibida desde 10.5.1809 (era jornal formato de livro, usual naquela época).*

É interessante que Hipólito da Costa foi preso e encarcerado pela "santa inquisição", acusado de ser "Franco-Maçom".

Hipólito foi Iniciado Maçom na "Washington Lodge" – Filadélfia (Pensilvânia) EUA, em 12.3.1799.

Eis alguns tópicos da palestra do Irmão Melo Alves:

> *Creio ser oportuno repetir-vos, quando me proponho a falar-vos*

sobre um novo aspecto da Maçonaria, que a nossa Instituição, não sendo um sistema, uma seita ou uma religião, e, primeiro que tudo, uma sociedade de homens livres – uma sociedade de homens que vivem em comunhão, ou, ainda, e melhor dizendo, uma comunidade indicativa da consciência de estar em comunhão...

Quando dizemos que somos livres, estamos, por exemplo, com Bérgson, para significar que sabemos o que estamos fazendo. Amamos a Liberdade por ela mesma, pelo fato de que ela decorre do livre-arbítrio, porque sabemos que ela nos foi dada por Deus – porque entendemos que, compreendendo-a, temos em nós mesmos a oportunidade de, por nossa própria iniciativa, por nosso próprio trabalho, por nossa inteligência, por nossa vontade, sem coação ou constrangimento, encontrarmos o caminho do Bem, quer dizer, Igualdade, quer dizer, Fraternidade.

Senhores, não vos alarmeis: somos Maçons.

Muito se há falado, escrito e discursado sobre a influência que a Maçonaria teve sobre os grandes acontecimentos da História. Limitando, porém, a nossa lembrança ao que a Instituição fez em nossa Pátria, os aspectos mais conhecidos de sua existência são os que geraram a Independência, desde Tiradentes, a Lei do Ventre Livre, a Abolição da Escravatura e, por fim, a República. Mas um ponto comum à Independência e à República deixa, quase sempre, de ser focalizado: somos, igualmente, constitucionalistas, pelo que abjuramos todas as formas de Governo em que não exista uma limitação ao Poder, a preservação da dignidade humana e a soberania a decorrer da vontade do Povo, confundindo-se com este. "Todo o Poder emana do Povo, pelo que só em seu nome pode ser exercido".

E há, ainda, um outro ângulo, do prisma soberbo que se constitui a Maçonaria, com que se podem apresentar os Maçons. Permiti que o focalize: é certo que não o desconheceis, mas é igualmente certo que muitos de nós o esquecemos.

E, continua Álvaro Melo.

A 25 de março de 1974, comemoramos o 2º Centenário do nascimento de HIPÓLITO JOSÉ DA COSTA PEREIRA FURTADO DE MENDONÇA – Hipólito da Costa – o Fundador da Imprensa Brasileira, embora, por um capricho da sorte, a nossa Imprensa haja nascido na Inglaterra. Nasceu, pois, bafejada pelos bons ventos da Democracia e da Liberdade, que os têm de sobra os povos ingleses, mas foi Hipólito da Costa que os aproveitou para a imprensa que idealizara e criara. Fê-la essencialmente brasileira, com o cunho pessoal que deu sempre às suas realizações – e havia nela o traço marcante do brasileiro exilado, saudoso e amante de sua terra...

O brasileiro que, em terra estranha, fundou o primeiro jornal brasileiro, lutou, até à morte, contra a opressão, a tirania, a ilegalidade e a ignorância. Fez grandes amigos e inimigos. Mas foi sempre, sobretudo, brasileiro e jornalista, sob a inspiração dos postulados maçônicos.

Com estas palavras, pretendi, dentro de minhas naturais limitações – e calcado no seu aludido biógrafo – dizer-vos que a Imprensa Brasileira, que hoje avulta como das mais desenvolvidas do mundo, nasceu de um homem que era nosso Irmão. A Maçonaria prestou mais esse serviço à Humanidade, especialmente ao Brasil. Depois do Correio Braziliense, ou Armazém Literário, seu subtítulo, veio para o Brasil uma tipografia completa, com a qual se fundou a Imprensa Régia, entregue à cultura do Visconde de Cairú e do Marquês de Maricá.

Depois, no Brasil, se fundou o primeiro jornal brasileiro impresso no País, a Gazeta do Rio de Janeiro. Vieram, em seguida, ***O Patriota, a Idade d'Ouro do Brasil, as revistas As Variedades, ou Ensaios de Literatura, a Sentinela da Liberdade na Guarita de Pernambuco****, o REVÉRBERO CONSTITUCIONAL FLUMINENSE, redigido por Joaquim Gonçalves Ledo e o Cônego Januário da Cunha Barbosa, todos Maçons; o Espelho, o Diário do Rio de Janeiro, com Quintino Bocayuva, na direção; o Correio do Rio de Janeiro, O Malagueta, O Tamoio e tantos outros, que, aos poucos, se foram apurando, até chegar, hoje, às culminâncias de* ***O Globo, Jornal do Brasil, Jornal do***

***Comércio, Correio da Manhã, Última Hora**, além dos lamentavelmente desaparecidos A Noite, O Jornal, Diário da Noite, Correio da Noite, Diário Carioca e a cadeia associada de Assis Chateaubriand.*[1]

Em 11 de setembro de 1823, finava-se, em Londres, Hipólito da Costa.

Propugnara por uma imprensa livre e a queria íntegra. Quase cem anos depois, Ruy Barbosa bradava: "A Imprensa é a vida da Nação". E o grande brasileiro acrescentava: "Imprensa e Liberdade, jornalismo e consciência são termos de uma só equação. Onde a manifestação da consciência não for independente, não há jornalismo. Onde a imprensa existir, a independência no escrever é irrecusável".

São estes os frutos, senhores, da Maçonaria.

Vede, pois, que as fogueiras da Inquisição não queimaram os ideais maçônicos.

---

[1] Infelizmente, vários desses Jornais citados também já desapareceram.

Hino Nacional Brasileiro

(Comentado)

A composição do nosso Hino Nacional foi inspirada na Independência do Brasil, tornando-se conhecido e popular por volta do ano de 1831, com o título de "HINO AO SETE DE ABRIL", data em que o Imperador D. Pedro I abdicou sua coroa ao seu filho D. Pedro II. No dia 13 de abril do mesmo ano, partia D. Pedro I para Portugal, sendo o acontecimento muito festejado, por assumir o trono o Primeiro Monarca Brasileiro. No decurso das manifestações de alegria do povo, o musicista Francisco Manuel da Silva fez executar um hino harmonioso que encheu de entusiasmo a multidão presente, ficando no calendário fixado o *dia 13 de abril* como o **"Dia do Hino Nacional"**.

Sebastião Ferrarini, em "Armas, Brasões e Símbolos Nacionais", citando Euclides Bandeira em "Respingos Históricos", o Hino Nacional veio das agitações do Brasil Império, sendo escrito para solenizar-se a Abdicação, de 7 de abril de 1831, cantando pela primeira vez no dia 13 de abril, quando D. Pedro I seguiu para a Europa.

Foi adotado, patriótica tradição, pela República, por Decreto de 1890.

A primeira letra do piauiense Dr. Ovídio Saraiva de Carvalho e Silva, tinha 12 quadras e o seguinte estribilho:

Da Pátria o grito
Eis se desata
Desde o Amazonas
Até o Prata.

Este refrão foi conservado quando, mais tarde, a letra foi substituída por outra alusiva à Coroação de D. Pedro II.

Hino é a composição poética e musical em honra de algum fato histórico ou acontecimento. Assim, temos hinos em honra de heróis, de um partido, de um clube e, ainda mais, em honra de uma nação.

Focalizado desta maneira, entendemos que o hino, em sua tessitura, diz da história e dos fatos da nação, sendo, portanto, a vez que proclama suas características, quer por seus feitos e glórias, quer por suas peculiaridades geopolítico-sociais e históricas.

O Hino Nacional Brasileiro está realmente dentro desta concepção.

Somente em 1841, por ocasião da coroação de D. Pedro II, recebeu nova letra, e, a partir daí, foi considerado Hino Nacional; até então, cantava-se o Hino com a letra de Ovídio Saraiva. Com o advento da Proclamação da República, era impositiva sua substituição, e com este objetivo abriu-se um concurso para a escolha de um novo Hino, que deveria, oficialmente, ser consagrado como o Hino Nacional Brasileiro.

Coube ao compositor e maestro carioca, Leopoldo Américo Miguez, lograr o primeiro lugar dentre as composições apresentadas, cuja premiação de "vinte contos de réis", foi, pelo vencedor, doada para o Instituto Nacional de Música, entidade que mais tarde foi dirigida por ele mesmo.

O julgamento final do concurso ocorreu em 20 de janeiro de 1890 (atualmente, o 20 de Janeiro, é feriado na cidade do Rio de Janeiro, consagrado que é ao seu Padroeiro, São Sebastião), segundo consta, data em que se instalou no Salão Nobre de Concertos, do Teatro Lírico, o "órgão", cuja substituição por um elétrico, só ocorreu por volta de 1954.

Embora tenha Leopoldo Miguez obtido o primeiro lugar e, consequentemente, recebido a premiação, o povo presente se manifestou pela manutenção do "Hino Antigo", cuja aprovação teve o aval do próprio Presidente da República, o Maçom, Marechal Deodoro da Fonseca.

A composição vitoriosa de Leopoldo Miguez ficou oficialmente reconhecida como o Hino da Proclamação da República.

A letra do Hino Nacional Brasileiro é do professor e jornalista Joaquim Osório Duque Estrada, autor de várias poesias, e a música de Francisco Manuel da Silva, é o símbolo sonoro da Pátria e, como tal, tem as suas versões musicais, a sua execução e a sua apresentação regulamentadas em lei, tendo sido oficializado em 1890, por determinação do Governo Provisório da República, através do Decreto nº 171, de 20 de janeiro de 1890; sua existência data, no entanto, dos primeiros decênios do século passado. Como foi anteriormente citado, por ocasião da abdicação de D. Pedro I, em 1831, o povo já o cantava nas ruas, adotando-o espontaneamente, a partir de então, como "Hino Nacional Brasileiro" (Compêndio produzido pela FAE – 1989).

Encontram-se na Biblioteca Nacional – Rio de Janeiro, os originais do poema do Hino Nacional Brasileiro, originais estes que contêm as modificações feitas pelo próprio Duque Estrada, manuscritas pelo autor, com destaque bem visível na 2ª Estrofe: *"onde se lê: "Entre as ondas do mar e o céo profundo" leia-se: Ao som do mar e à luz do céu profundo"*. Onde se lê: – "*O pavilhão*" – *leia-se:* "*O lábaro*".

Com referência às obrigações e violações de quaisquer símbolos nacionais – Bandeira Nacional, Hino Nacional, Armas Nacionais e o Selo Nacional, e legislação pertinente (Lei 5.700/1971), destacamos dois artigos:

> *Art. 39 – É obrigatório o ensino do desenho e o significado da Bandeira Nacional, bem como do canto e da interpretação da letra do Hino Nacional em todos os estabelecimentos de ensino, públicos ou particulares, dos primeiro e segundo graus.*
>
> *Art. 40 – Ninguém poderá ser admitido no serviço público sem que demonstre conhecimento do Hino Nacional.*

Infelizmente, como a grande maioria das leis do nosso País foi feita para permanecer no papel, ou, simplesmente, para serem interpretadas e não cumpridas, indagamos se os dispositivos legais acima enumerados estariam sendo cumpridos. Vamos um pouco além, entendemos que a admissão no Serviço Público abrange todo e qualquer cidadão ou cidadã, que passa a exercer a função pública remunerada, que vai desde o Presidente da República, Ministros, Parlamentares, até o último gari do menor município brasileiro. Será que todos estes senhores e senhoras sabem cantar corretamente o nosso Hino Nacional?

Verbete Interpretativo do Hino Nacional Brasileiro

O histórico, ainda que sintetizado sobre o Hino Nacional Brasileiro, de minha lavra, já foi publicado em revistas, jornais, inclusive no jornal "Alto Madeira" (92 anos) de Porto Velho (RO).

Agora tentaremos interpretar a letra do nosso Hino: – trata-se de uma análise pessoal, tal qual ajuizar um símbolo, ou seja, cada um traduz seu significado segundo o prisma da capacidade interpretativa.

A poesia do Hino Nacional é a parte espiritual manifestada na alma privilegiada de seu autor, donde aditem a antiga afirmação:

> *O poeta nasce, enquanto o orador se faz pela cultura, pelo treinamento de exercícios diários, e o poeta, ainda que analfabeto ou letrado, sempre será poeta.*

Para Victor Hugo:

> *A poesia está nas ideias; e as ideias vêm da alma. Os versos não são mais que um vestuário elegante num belo corpo. A poesia pode se exprimir em prosa, a diferença é que é mais perfeita, revestida com a graça e a majestade do verso.*

Sempre devemos identificar os autores da poesia e da música, no caso presente, Joaquim Osório Duque Estrada (letra) e Francisco Manuel da Silva (música).

EIS A LETRA:

Ouviram do Ipiranga às margens plácidas
De um povo heroico o brado retumbante,

O autor refere-se, não só aos componentes da comitiva que acompanhava o Imperador (D. Pedro I), como o povo curioso, porém corajoso e atento aos discursos inflamados, povo este que se aglomerava às margens calmas do riacho do Ipiranga (que ainda hoje corta parte da cidade de São Paulo), dando o seu grito (brado) ecoante, ressonante de contentamento.

E o sol da liberdade, em raios fúlgidos,
Brilhou no céu da Pátria nesse instante.

O astro-rei, liberto, livre no firmamento, espargindo seus raios luminosos brilhavam no céu do nosso Brasil naquele momento histórico da nossa libertação.

Se o penhor dessa igualdade
Conseguimos conquistar com braço forte,

A segurança e a garantia dessa grandeza, de estarmos livres do jugo português, foram conseguidas pela solidez e pela força de um povo patriota.

Em teu seio, ó Liberdade,
Desafia o nosso peito a própria morte!

O coração da Pátria exclama: – Ó Liberdade! Ó Independência!

Incitando, provocando, em nome da nossa liberdade, expondo o nosso peito ao sabor do duelo, ainda que a libertação custasse o sacrifício da própria vida!

(Estribilho)

Ó Pátria amada,
Idolatrada,
Salve! Salve!

Quando analisamos uma poesia, fazemo-lo sob os aspectos da *estrofação,* da métrica, da rima e do ritmo, no caso presente, a análise se converge apenas para a *estrofação,* ou seja, a reunião de versos que guardam estreita relação entre si, pela forma em que o poeta apresenta, sendo considerado, na versificação um Terceto, constituído de três versos: – Ó Pátria amada, Pátria querida, adorada, eu vos saúdo por quantas vezes for necessário!...

Brasil, um sonho intenso, um raio vívido
De amor e de esperança à terra desce

Brasil, aspirando com energia, com veemência, visualizando um foco de luz brilhante, ardente, expressivamente e luminoso, trazendo o mais profundo sentimento de esperança nesta terra fértil e alvissareira...

Se em teu formoso céu, risonho e límpido,
A imagem do Cruzeiro resplandece.

Valho-me aqui do maior poeta lírico brasileiro – Antonio Gonçalves Dias, o dito Gonçalves Dias, que morreu náufrago do *Ville de Boulonge*, para fazer um paralelo, entre os versos do hino e à sua "Canção do Exílio":

...Nosso céu tem mais estrelas,/ Nossas várzeas têm mais flores,/
Nossos bosques têm mais vida,/ Nossa vida mais amores...

Citando "a imagem do Cruzeiro resplandece", o autor refere-se ao "Cruzeiro do Sul", a mais brilhante constelação do hemisfério austral, apesar de ser a menor constelação do céu. É composta de

11 estrelas, sendo que as quatro principais formam uma cruz, cujo braço maior está voltado para o polo Sul (cf. "Larousse Cultural" – pág. 1.718).

A constelação do Cruzeiro (quatro estrelas) acha-se ponteada em nossa Bandeira, completando com mais vinte e três estrelas a representação dos vinte e seis estados, e mais o Distrito Federal, perfazendo um total de vinte e sete Estados Federados.

Gigante pela própria natureza,
És belo, és forte, impávido colosso.
E o teu futuro espelha essa grandeza.

Nestes versos o autor refere-se ao tamanho territorial do nosso País, ou seja, o Brasil ocupa uma área de 8.511.965 km^2 (cf. "Larousse Cultural"), sendo o quinto país do mundo em extensão.

É um país alegre, dotado de privilégio oferecido pela natureza, com seu clima tropical, terras férteis, abundância de água, ou seja, é um impávido (destemido, denodado) e grandioso em todos os aspectos, cujo futuro, previsto pelo autor, por volta de 1831, já refletia o seu desenvolvimento como uma grande Nação.

(Estribilho)

Terra adorada,
Entre outras mil,
És tu Brasil,
Ó Pátria amada!

Dos filhos deste solo és mãe gentil,
Pátria amada,
Brasil!

Nestes versos vamos nos reportar ao patriotismo do "imortal" Rui Barbosa:

A pátria não é um sistema, nem uma seita, nem um monopólio, nem uma forma de governo; é o céu, o solo, o povo, a tradição, o lar, o berço dos filhos e o túmulo dos antepassados, a comunhão da lei, da língua, da liberdade...

Deitado eternamente em berço esplêndido,
Ao som do mar e à luz do céu profundo,

Muito se tem comentado, por vezes, com ironia, principalmente sobre o primeiro verso, aludindo que o nosso País vive adormecido: – por falta de patriotismo, falta de ética e moral, principalmente pela grande maioria dos nossos homens públicos, concordo; em outros aspectos, não é verdadeiro.

Lourenço Filho, em "Juazeiro do Padre Cícero", assim declina:

O Brasil não é o gigante que dorme, dos tropos[1] *das plataformas políticas... Será, antes, um gigante...*

Assim deduzimos que o poeta, autor do hino, no nosso entendimento, refere-se à posição geográfica em relação ao nosso continente, cuja extensão, em grande parte, é nivelada ao mar, de igual forma, em relação ao céu; o seu torrão não está a prumo e sim na horizontal, posto que completa nos versos seguintes:

Fulguras, ó Brasil, florão da América,
Iluminado ao sol do Novo Mundo!

Realça e sobressai o nosso País perante os demais, é um ornato de flores perante os demais países americanos, terra sempre iluminada pelo astro central do nosso sistema planetário perante o Novo Mundo, ou seja, o conjunto das Américas em oposição ao Velho Mundo: – a Europa, a Ásia e a África.

Do que a terra mais garrida,
Teus risonhos lindos campos têm mais flores,

---

[1] **tropos** – argumentos pelos quais os céticos (diz-se daquele que duvida de tudo) gregos sustentavam que era impossível atingir a verdade.

O poeta enaltece a nossa terra como sendo a mais alegre, a mais vistosa, a mais enfeitada de flores nos seus campos e campinas sempre verdejantes.

"Nossos bosques têm mais vida"
"Nossa vida" no teu seio "mais amores".

Nestes versos que, obrigatoriamente devem figurar entre aspas, em toda publicação, o autor do Hino Nacional foi taxativamente inspirado em citar a grande obra do poema a "Canção do Exílio", obra que o projetou como o maior poeta lírico brasileiro: – Antonio Gonçalves Dias, de quem anteriormente já nos reportamos, cujos versos inspirados foram:

Nosso céu tem mais estrelas,
Nossas várzeas têm mais flores,
Nossos bosques têm mais vida,
Nossa vida mais amores.

(Estribilho)

Ó Pátria amada,
Idolatrada,
Salve! Salve!

Nota: Esta citação de versos, denominada "estribilho", se repete depois de uma ou mais estrofes *(grupo de versos)* de uma composição poética.

Brasil, de amor eterno seja símbolo
O lábaro que ostentas estrelado,
E diga o verde-louro desta flâmula
Paz no futuro e glória no passado.

Duque Estrada, autor da letra, aqui se refere ao Símbolo maior da Nação Brasileira – *lábaro e flâmula* – a **Nossa Bandeira,** à qual devemos todo o nosso amor, todo o nosso respeito e patriotismo, defendendo-a, como defendeu nossos antepassados, ainda que, com o sacrifício da própria vida, esta é a dedicação que todo brasileiro deve se comprometer...

Até pouco tempo, apenas o homem reservista prestava solenemente este juramento, hoje, com a incorporação da mulher nas Forças Armadas, também ela oferece, se ainda necessário for, sua própria vida, em defesa do nosso Solo e do nosso Símbolo Maior – a ***"Bandeira do Brasil! Pano sagrado abrigo de Civismo e de valor!"***

Mas se ergues da justiça a clava forte,
Verás que um filho teu não foge à luta,
Nem teme, quem te adora, a própria morte.

Completa aqui o poeta o que citamos anteriormente:

Se o nosso Maior Símbolo for injustiçado, ultrajado, usaremos a arma mais poderosa em sua defesa, pois como filhos desta Amada Pátria, jamais fugiremos da luta, sem nenhum temor da própria morte!

(Estribilho):

Terra adorada,
Entre outras mil,
És tu, Brasil,
Ó Pátria amada!

Dos filhos deste solo és mãe gentil.
Pátria amada,
BRASIL!

Procuramos focalizar dessa maneira a interpretação do nosso Hino Nacional Brasileiro, voltando a afirmar que, interpretar, na acepção do termo, significa clarear ou explicar o sentido, no caso presente, a poesia do Hino; finalmente, volto a declarar, tratar-se de uma seleção pessoal, entretanto, ***consciente!***

Sigamos o exemplo do Almirante Barroso, ao exclamar: "O

Brasil espera que cada um cumpra o seu dever". *(Adaptação pronunciada na batalha do Riachuelo em 11.6.1865, da famosa frase do Almirante Nelson.)*

∴

PEQUENO GLOSSÁRIO INTERPRETATIVO (PELA ORDEM DOS VERSOS):

Plácidas: tranquila, serena
Retumbante: ressonante, ecoar (fazer estrondo)
Fúlgidas: brilhante, luzente
Penhor: garantia, segurança
Idolatrada: amada, adorada
Salve: interjeição latina, indica saudação
Intenso: com força, com energia
Vívido: cheio de vida, brilhante
Límpido: transparente, puro, reluzente
Resplandece: brilha intensamente, sobressai
Impávido: sem medo, corajoso, intrépido
Colosso: imenso, de grandes proporções
Espelha: reflete, brilhante
Solo: terreno, chão
Esplêndido: deslumbrante, brilhante, pomposo
Fulguras: sobressair, brilhar
Florão: ornato, adorno, enfeite
Garrida: muito enfeitado, de coloração forte
Seio: peito, centro, coração
Símbolo: figura, marca, sinal representativo
Ostenta: exibir, mostrar, expor
Lábaro: bandeira, estandarte

Flâmula: bandeirola (como Lábaro, um dos inúmeros sinônimos de bandeira)

Ostentas: exibir, mostrar, expor

Clava: pedaço de pau grosso, servia de arma

Gentil: amável, garboso

Mandamentos Cívico-Patrióticos

Penso que o patriotismo é como a caridade: começa em casa. (Henry James, em *Retrato de uma Senhora*)

A prática da educação cívica nas escolas brasileiras infelizmente tomou um rumo de total desinteresse pelo amor ao nosso Brasil.

O canto dos Hinos Nacional, da Bandeira, da nossa Independência ou da República, é relegado a plano inferior; nossa Bandeira só é cultuada, se assim posso me expressar, de quatro em quatro anos, por ocasião das copas mundiais de futebol – é o que chamo e já escrevi, sob o título **"O Patriotismo Quadrienal"**.

Em determinadas cerimônias, canta-se apenas a primeira estrofe do Hino à Bandeira e o estribilho (estrofe é o primeiro grupo de versos, e estribilho são os versos repetidos ao final de cada estrofe) – e qual seria a razão? A grande maioria dos brasileiros não sabe cantar a composição em sua totalidade, ou seja, as restantes três estrofes.

Unamo, escritor, filólogo, poeta e romancista espanhol, em sua obra "*Solilóquios e Conversações*", assim define o nosso título deste verbete:

> *A primeira coisa que um cidadão precisa ter é civismo, e não pode haver pátria, verdadeira pátria, onde os cidadãos não se preocupam com os problemas políticos...*

Os Mandamentos Cívicos de que nos fala Amaral Fontoura, em seu livro "Calendário Cívico", são praticados ao inverso de sua orientação, senão vejamos:

1. O amor ao nosso Brasil e às suas causas, são sentimentos desenvolvidos?
2. Há respeito às autoridades e à nossa ordem constituída?
3. O brasileiro mantém admiração pelos grandes feitos nacionais, tais como: a Abolição da Escravatura, a Conjuração Mineira, nossa Independência, Proclamação da República, e lembra em que dia, mês e ano o nosso Brasil foi descoberto?
4. Cultua admiração por todos quantos brasileiros construíram e enobreceram com seus atos e feitos este grande País, como Caxias (o Pacificador) – Deodoro (o Proclamador da República) – Benjamin Constant (o Inspirador da República) – Floriano Peixoto (o Consolidador) – Joaquim Nabuco e José do Patrocínio (os Abolicionistas) – Rui Barbosa (o Águia de Haia) – Bento Gonçalves (O Revolucionário) – Juscelino Kubitschek (o fundador de Brasília), Santos Dumont (O pai da Aviação), e tantos outros? Não!... – preferem render culto a figuras de terroristas internacionais, estampando em suas camisetas seus nomes e fotos.
5. Dilapidam o patrimônio comunitário, assim como desfiguram estátuas ou símbolos públicos, ao invés de conservá-los, ou pelo menos não danificá-las.
6. É conservado, mantido e respeitado o espírito democrático, tanto quanto aos abusos e excessos de autoridade e de liberdade?
7. Finalmente, o brasileiro está devidamente preparado para a vida política nacional com base na representação partidária, na eleição e no voto? Os que pleiteiam representar o povo, principalmente nos poderes executivo e legislativo

têm conhecimento pleno das funções que irão desempenhar em nome da população? O edil (vereador), que deveria ser o primeiro passo da hierarquia política, saberia definir o que é Lei Orgânica Municipal, Constituição, Lei ou Decreto? Teria conhecimento da nossa Organização Social e Política, aliás, matéria infelizmente abolida do currículo escolar, onde, ainda que, sinteticamente, se ensinava "Teoria do Estado".

A prática das virtudes foi substituída pelos vícios que denigrem o ser humano, a **Prudência** que deveria guiar o homem para o correto caminho foi substituída pela imoderação, pela impulsividade; a **Temperança** que deveria purificar todas as ações cometidas passaram ao descomedimento, à prática da sordidez; a **Justiça** que deveria dar a cada um o que lhe é de direito, proporcionar a equidade social, transforma-se muitas vezes em injustiça ou até mesmo na iniquidade.

O que deveria ser **justo e perfeito** transformou a prática das virtudes numa verdadeira antonímia, ou seja, em uma verdadeira oposição.

Plauto, poeta cômico latino, em seu pensamento (*Asinaria*, "*A burra*" II, 4.88), assim se expressa: O *homo homini lupus* – O *homem é um lobo para o homem*, cujo sentido é que o homem não raro se mostra feroz para o seu semelhante.

Concluo, com os versos líricos, "Ilusões da Vida", do poeta carioca, Francisco Otaviano:

Quem passou pela vida em branca nuvem
E em plácido repouso adormeceu;
Quem não sentiu o frio da desgraça,
Quem passou pela vida e não sofreu;
Foi espectro[1] *de homem – não foi homem,*
Só passou pela vida – não viveu.

---

[1] Fantasma, espantalho.

A História dos Meses

MÊS (do latim *mensis*). Período de 30 dias sucessivos e completos, a contar de qualquer dia do mês, ou cada uma das divisões do ano civil.

Em astronomia, existem o mês lunar ou sinódico, com duração da lunação, e o mês solar, tempo em que o Sol gasta, no seu movimento aparente anual, para descrever 30° de longitude (Cf. "Larousse Cultural", pág. 3.941).

Esta é a definição etimológica e também astronômica de Mês, que para nós Maçons se resume no período que vai de março até fevereiro do ano seguinte, considerando que o nosso primeiro mês está consagrado seu início no dia 21 de março da Verdadeira Luz.

Entretanto, historicamente, vamos obedecer ao calendário civil, ou seja, de janeiro a dezembro.

Antes da aparição do Cristianismo, existiam as crenças nas divindades pagãs, ou seja, a cultuação nas memórias dos deuses e deusas, que ainda vive em nossos dias por alguns povos e tribos.

Esta influência cultural deixou os nomes das divindades ligados à contagem do tempo, conservando-os no nosso calendário, que precede ao que ficou estabelecido pelo Imperador Romano Júlio César, com o auxílio do astrônomo Sosígenes de Alexandria; isto se deu no século I a.C., sendo alterado muito mais tarde, em 1582, pelo Papa Gregório XIII, com o nosso Brasil já descoberto.

Atualmente, o calendário é conhecido como Gregoriano; no

entanto, a origem dos nomes que identificam os meses foi mantida – podemos contar os idiomas que não os usam, como os dos hebreus e dos árabes.

Assim, vamos traçar a história dos doze meses consagrados por César, o senhor absoluto e ditador perpétuo do poder romano.

JANEIRO

Consagrado ao deus *Jano,* figura estranha, um deus de duas caras, uma que olha para frente e a outra para trás, tendo em uma de suas mãos uma chave. Era adorado pelos romanos em um templo que estava aberto durante as guerras, e que se fechava quando reinava a paz. Era tido como o deus dos princípios e dos fins, era a divindade do Alfa e do Ômega, no dizer dos gregos. A chave em uma das mãos era a representação do deus porteiro do céu, e os romanos o tinham como protetor de suas portas e portões.

Seu templo era composto de 12 portas, como a representar os doze meses do ano. Era também o deus do presente e do passado, representado como já expomos, pelas duas caras que olhavam em direções opostas.

Finalmente, suas caras, simbolicamente, representavam o início do ano como a lembrar o tempo que passou, e de pensar no que poderá advir com os doze meses que se iniciavam.

FEVEREIRO

Chega a vez de uma dama romana, *Februa,* a deusa das purificações. Neste segundo mês do ano eram celebradas festas de caráter especial em honra ao deus Juno e de Plutão, este, deus soberano dos infernos. Tais festas eram também de expiação para o povo, que as denominava de *februaes (*Expiação, na religião judaica, o *Yom Kipur,* é considerada o dia do perdão. É tida como a festa máxima dos judeus, e consiste em vinte e quatro horas de jejum completo, ficando, no seu entender, purificado de seus pecados).

Fevereiro é o mais curto mês do ano, tendo 28 dias nos anos comuns e 29 dias nos anos bissextos; aliás, até hoje não encontrei explicações do uso da expressão bissexto, se a alternação é de quatro em quatro anos, e não de seis anos. Eis o que dizem as diversas publicações (dicionários, enciclopédias, revistas, etc.):

> *Se junta um dia de 4 em 4 anos porque, constando o ano de 365 dias e 6 horas, ao cabo de quatro anos essas 6 horas formam um dia, que se agrega ao mês de fevereiro por ser este o mês mais curto de todos.*

Volto ao assunto bissexto: a soma das 6 horas que de quatro em quatro anos perfazem 24, ou seja, mais um dia, não justificaria a expressão já por demais mencionada, muito embora o astrônomo Sosígenes tenha proposto que se repetisse, de quatro em quatro anos, o dia 24 de fevereiro, denominado de *"sexto kalendas martii"*, cuja tradução, no meu paupérrimo conhecimento do latim, seria o "sexto dia de março", sem considerar que *"kalendas"* em latim é o primeiro dia do mês, e não o sexto.

Vamos em frente, deixando a dúvida para quem desejar esclarecer, julgando ser mais uma do nosso vernáculo que sempre, ou quase sempre, o termo deriva do grego, do latim, do francês ou de outro idioma qualquer; seria o caso de "pediatra", que não tem nada a ver com o "Pé", e sim com o tratamento das doenças infantis, cuja palavra é derivada do grego.

MARÇO

Mês dedicado ao deus Marte. Guerreiro ameaçador, cuja figura passa num carro puxado por dois cavalos, cujos nomes são *Terror e Fuga,* manejando uma comprida lança, levando em uma das mãos um escudo brilhante.

Os romanos consideravam mais que um deus, pois tudo conseguia pela sua imensa força. Rogavam-lhe chuva, consultavam-no sobre suas vidas particulares e em troca sacrificavam cavalos, carneiros, lobos, etc.

Era tido como deus dos combates, dos trovões e relâmpagos, e os soldados quando iam para a guerra, levavam gaiolas com galinhas, e antes do combate davam milho para as aves, tidas como sagradas; se o milho fosse rejeitado, representava má sorte; entretanto, se comiam, eram protegidos pelo deus Marte, e na certa sairiam vitoriosos.

É bom repetir que o Ano Maçônico tem o seu início no dia 21 de março.

ABRIL

Não se trata nem de deus nem deusa. Para o hemisfério norte, seria o anjo da primavera; para nós, o anjo do outono. Em sentido figurado, o mês da idade, da alegria e da inocência, da juventude: "o abril da existência". Como sátira, seu primeiro dia é consagrado como "o dia da mentira", dia em que, por pura brincadeira, se dão falsas notícias, com informações até certo ponto absurdas, como se verdadeiras fossem.

Entretanto, como o calendário foi elaborado na Europa, ficou consagrado à primavera, onde se espalham as lindas flores. Abril significa "o que abre", renovando-se a vida dos campos, com as árvores cobrindo-se de folhagem nova, a significar o "*omnia aperit*", isto é, "*abre tudo*".

MAIO

Dedicado à deusa *Maia*. Filha de Atlas, mãe de Mercúrio e uma das sete Plêiades, "nome das sete filhas de Atlas e de Pleíone, que se suicidaram e foram metamorfoseadas em estrelas (Mitol.). O grupo das Plêiades constitui hoje uma pequena constelação do hemisfério boreal junto a Touro" (cf. "Seguier", pág. 1.630). Touro é o segundo signo do zodíaco, que o Sol atravessa de 20 de abril a 20 maio (cf. "Larousse", pág. 5.723).

JUNHO

Segundo o livro dos Contos, duas figuras disputavam a colocação do nome neste sexto mês. Uma é a deusa *Juno* e a outra é *Junio,* havendo, portanto, divergência de opiniões, sendo que a maioria aponta a deusa Juno como tendo emprestado seu nome para este Mês.

Tratava-se de uma divindade itálica romana, portanto, filha de Saturno e de Réia, esposa de Júpiter e rainha do céu, protetora da mulher e do casamento, sendo identificada com a Hera dos gregos. Seu trono era todo de ouro e ficava junto de seu marido, Júpiter. Todos os deuses que a visitavam lhe prestavam grandes homenagens. Tinha poderes superiores, exercendo completo domínio sobre os fenômenos celestiais, produzindo trovões, ventanias e dominava os astros. Gostava de passear nos bosques do palácio em carruagem puxada por pavões.

Com relação a *Junio,* a título de esclarecimento, existiram dois *Junios*: Lúcio Junio Bruto, principal autor da revolução que expulsou os Tarquinios de Roma, instituindo a República, e Marco Junio Bruto, que era protegido e tido como filho de César, o mesmo que o apunhalou, e donde se conhece a célebre frase exclamada por César: "*Tu quaque, fili mi*! (E tu também, meu filho!)".

JULHO

Quando o ano começava em março, os romanos chamavam

este mês de Quintilius, que significava o quinto, sendo mais tarde eliminado, não só o nome, como passando a ser o sétimo mês do ano, e, em homenagem ao célebre general romano (Julio César), um dos mais ilustres homens de guerra da antiguidade, recebeu seu nome.

É de sua autoria o livro em latim, "A guerra das Gallias", do qual, como seminarista, tive que traduzir alguns trechos. Deixou César várias frases que ainda hoje são frequentemente citadas, tais como: *Veni, vidi, vici* (chequei, vi e venci); *Alea jacta est* (a sorte está lançada); *Si vis pacem, para bellum* (se queres a paz, prepara a guerra); *Tu quoque fili!* (Também tu, meu filho!).

AGOSTO

César Otavio Augusto, herdeiro de César, foi um imperador romano cuja administração foi extremamente tida como a mais brilhante na história romana. As letras, a poesia, a eloquência, tiveram um esplendor incomparável. A história deu o nome de século de Augusto a essa época extraordinária, em que Horácio, Virgilio, Tito-Lívio, Sallustio, Ovídio, etc., realizaram nas suas obras a mais alta expressão do gênio latino. Assim, homenageando este grande imperador, foi dado o seu nome ao oitavo mês do ano.

Há um fato curioso com o mês de julho, dedicado ao Imperador Julio César, que tem na sua totalidade 31 dias, para não desmerecer o imperador Augustus, foi acrescentado a este mês mais um dia, totalizando também 31 dias.

SETEMBRO

Com o mês de agosto ficou encerrada a história das divindades pagãs da antiguidade, e dos personagens também históricos. O mês de setembro era o sétimo do ano, e tem sua origem do latim (*september*); no entanto, no calendário gregoriano passou a ser o nono mês.

Setembro nos faz recordar a Setembrada, revolta ocorrida no Maranhão em setembro de 1831, contra os privilégios econômicos concedidos pelo governo da época aos portugueses.

A Setembrada ou Setembrizada, insurreição eclodida em Pernambuco, no dia 14 de setembro, também no ano de 1831, período de tensões políticas que se sucedeu à abdicação de D. Pedro I.

Setembrismo, designação dada à ala esquerda, ou radical, do liberalismo português, no segundo quartel do século XIX, em oposição à ala da direita ou cartismo.

Setembro (Convenção de), convenção preparada, em 1864, pelo Ministro Italiano Minghetti, assinada em Paris, que resolvia provisoriamente a Questão Romana.

Setembro (Massacres de), execuções sumárias que tiveram lugar em 1792, nas prisões de Paris e nas províncias, onde mais de mil pessoas foram massacradas.

Setembro (Jornada Revolucionária de 4 de setembro de 1870), jornada revolucionária ocorrida na França, logo após a capitulação de Napoleão III, e, finalmente:

Setembro, 1º, Apesar de ser para mim uma data festiva – data do meu nascimento –, dois fatos que consternaram a humanidade ocorreram nesta data. Um, em 1923, o grande terremoto de Tóquio, onde perderam a vida mais de 300.000 pessoas; a outra catástrofe, talvez a maior calamidade já praticada contra a humanidade, foi o terror imposto por Adolf Hitler, com mais de sete milhões de pessoas que perderam a dignidade e a vida em campos de concentração nazistas. Este terror acabou denominado de "Holocausto". A fúria e o ódio dos nazistas não pouparam negros, comunistas, ciganos, homossexuais, judeus e até mesmo crianças.

Finalmente, termina o mês de setembro (11 de setembro de 2001), com a tragédia de **World Trade Center**, na Ilha de Manhattan,

Nova Iorque, onde mais de 3.000 pessoas morreram e centenas ficaram desaparecidas nos escombros provocados pela explosão de dois aviões pilotados por terroristas, que atingiram as duas torres de 417 metros de altura.

OUTUBRO

Proveniente do latim "*october*", nosso décimo mês do ano e oitavo mês do ano romano. Era neste mês que os romanos, como é hoje para os povos que lhes sucederam no continente europeu, o mês das colheitas, principalmente das uvas.

Foi Numa Pompílio, tido como o segundo rei legendário de Roma, a quem se atribuiu a organização religiosa de Roma, e que se fixou o princípio de ano no dia primeiro de janeiro.

NOVEMBRO

Era o nono mês do ano romano, razão pela qual em latim era denominado "*november*". Apesar de não mais consagrar os meses as divindades mitológicas, continuavam, no entanto, a consagrar, pelos festejos, tais divindades. Em "*november*", os romanos dedicavam seus folguedos e ritos à memória de Diana, deusa das montanhas e dos bosques, além de praticarem os jogos circenses que eles denominavam de "jogos plebeus". É neste mês que na Itália começa o tempo chuvoso, coberto de nevoeiro e o frio, por vezes desagradável.

DEZEMBRO

Mais um mês cujo termo deriva do latim "*december*". Último mês do ano, ou seja, o décimo segundo do calendário gregoriano e era o décimo do calendário romano. O mês é caracterizado por duas grandes festas, quase que de caráter universal: Natal e *Réveillon*. Na primeira, principalmente para as crianças, aparece a figura do Papai Noel, o velhinho de barbas longas e brancas, vestido de vermelho, conduzindo às costas um saco de presentes, e a segunda festividade é o famoso baile, às vezes com ceia, realizado na noite de 31, também com comemoração nos lares com farta ceia, reunindo familiares.

(Fontes: "Tesouro da Juventude", vol. IV – Larousse Cultural)

Quem Somos Nós

A desgraça do homem é uma consequência da sua vontade desordenada; e sua desgraça aumenta ainda pelo poder que tem de levar avante os desejos maus da sua vontade. (Santo Agostinho)

Nós Maçons, somos diretamente herdeiros de todos os conhecimentos acumulados por nossos antepassados; desfrutamos, até certo ponto, de benefícios advindos dos esforços daqueles que outrora trabalharam antes de nós, e temos hoje, ao nosso dispor, e até mesmo ao nosso poder, maravilhas que outros organismos internacionais não puderam usufruir.

Foram heranças que obtivemos para avaliar a experiência e o comportamento humano, heranças que nos orientam, nos ensinam, nos estimulam, enfim, que nos dirigem para a prática das virtudes.

Cabe aqui, para orientação deste nosso Trabalho (artigo maçônico), um dos grandes aforismos do nosso saudoso Irmão Rui Barbosa:

De tanto ver triunfar as nulidades, de tanto ver crescer as injustiças, de tanto ver agigantar-se os poderes nas mãos dos maus, o homem chega a desanimar-se da virtude, a rir-se da honra, e ter vergonha de ser honesto.

A Ordem Maçônica não tem como patrono o seu criador, uma vez que este é para a Ordem totalmente desconhecido; não tem um Poder Central Universal, apesar de ser uma Ordem espalhada pelo orbe terrestre; afinal, não tem dono, e sim continuadores e seguidores da sua filosofia, da sua doutrina, praticantes da sua Ritualística iniciática.

Por ocasião da nossa Iniciação, lá pelas tantas, ouvimos a seguinte sentença:

> *...que passe pelas chamas purificadoras, para que dele desapareçam todos os vestígios do mundo profano purificado pela água e pelo fogo, estais simbolicamente isento de qualquer imperfeição profana.*

Felizmente, a grande maioria dos Maçons tem o privilégio de estar isenta da imperfeição profana – uma parcela não!...

Eis a justificativa: a Maçonaria no Brasil herdou da França o *status* de um país, com aparência de republicano-democrata, com os três poderes em pleno funcionamento, por vezes exorbitantes.

Temos presenciado os que ocupam cargos de destaque, exercendo tais cargos como Soberanos Reis, usando o veredicto "faz o que eu mando e não o que eu faço".

Vivemos no regime onde não somos Livres e de Bons Costumes, onde a nossa permanência efetiva nos Quadros de uma Loja, que deveria ser totalmente Soberana, nos sujeita aos tribunais com todos os poderes profanos, com leis que se modificam com constância, e sob o escudo de um poder executivo.

Nos meus quase trinta anos de Ordem, não há quem me convença de que, uma associação de âmbito universal, que propugna pelo aperfeiçoamento moral, social e intelectual do homem, sem distinção de raça, crença ou nacionalidade, se calque no mecanismo de funcionamento de uma nação, quando as Lojas deveriam ser totalmente soberanas, mantendo apenas, administrativamente, para uniformidade de procedimentos, uma composição, com um dirigente (Grão-Mestre e Auxiliares), tendo seu Conselho de Veneráveis Mestres para as decisões deliberativas.

É nosso pensamento, que cabe à Loja, através de seu Mestre Dirigente, advertir o Irmão quando não agir corretamente, e, em caso de reincidência, convidá-lo a se afastar. A hierarquia maçônica não é compatível com a hierarquia militar, onde o general prende o coronel, o coronel prende o major, este prende o tenente e o tenente prende o soldado – a expulsão nas Forças Armadas está extinta, existindo o licenciamento do infrator, no seu certificado militar não mais consta o ato desabonador, enquanto a Maçonaria, usando ainda os meios retrógrados, expulsa, não Maçons, e sim Irmãos.

Herrera, em seu livro "Gotas de Sabedoria" – Editora "A TROLHA" – 1994 – relaciona os mandamentos do "O Chefe e o Líder", assim se expressando:

- O chefe inspira **medo aos subordinados**, o líder confiança.
- O chefe procura o culpado, e quando **descobre um erro o castiga**. O líder corrige, compreende e ensina.
- O chefe **massifica seus subordinados**, o líder conhece cada um individualmente.
- Para o chefe **o cargo é um trono de mando**, existe pela autoridade, enquanto o líder existe pela boa vontade e diz "eu sirvo".

Parodiando o salmo 133, diríamos – o quão bom e como sublime seria se, os que ocupam cargos de mando na ordem, fossem obedientes, pelo menos nos mandamentos que citamos.

Existem códigos de todas as espécies – penal, eleitoral, de justiça, conselho de família, faltando para completar, um tribunal de contas, um regulamento disciplinar, como se fôssemos indivíduos sem casta, pária da sociedade.

Lembrem-se meus senhores, a grande totalidade tem família constituída, tem filhos, tem esposa, tem mãe, e atos que nos chegam ao conhecimento, praticados por nossos dirigentes colocam os punidos em situações deprimentes, como se criminosos fossem; não façam da Ordem uma República Autoritária Maçônica.

Temos a convicção de que é necessária a formatação de leis para que o organismo funcione em toda a sua plenitude – temos plena razão mental para saber que o funcionamento de uma sociedade deve preencher os requisitos legais do país – não somos levianos para dispensar legislação adequada e organizadora de um poder que deve reger suas Lojas subordinadas – mas, códigos penalizadores, julgamos incompatíveis com a Ordem Maçônica, esta Ordem que tanto prezo e que a ela tenho dado parte dos meus oitenta anos de vida.

O Maçom Eficiente

Já falamos sobre a abertura dos trabalhos do Rito Brasileiro, e, hoje, vamos para o Encerramento da Sessão:

- Irmão Orador, pergunta o Venerável Mestre, o que é preciso para que um Maçom seja eficiente?
- Ter capacidade civil, moral ilibada, sentimento cívico, compreender os fins maçônicos e querer executá-los.

Vamos analisar cada conceito de *per si*, procurando demonstrar que as frases não são vãs, pelo contrário, cada uma expira um ideal para que o Maçom seja efetivamente eficiente, eficaz, benéfico e, acima de tudo, útil no seio de seus pares.

- Capacidade civil: o que podemos entender o que venha a ser esta expressão – será que capacidade civil é possuir o CPF, Título de Eleitor, está em dia com o Serviço Militar (estamos tratando de Maçons), e outras obrigações legais? Em parte sim. Mas, a capacidade civil aqui expressa no Ritual, refere-se ao discernimento que nós Maçons devemos possuir, no cumprimento das obrigações em todos os sentidos, quer na obediência aos preceitos perante a nossa Ordem, quer no trato familiar, com a constituição e preservação dos laços familiares e perante a sociedade de que somos parte integrante.
- Podemos sintetizar que a capacidade civil do Maçom, como homem, está delineada na Declaração Universal dos

Direitos Humanos, proclamada pela Assembleia Geral das Nações Unidas e adotada em 10 de dezembro de 1948, de onde extraímos alguns tópicos:

Art. I – Todos os homens nascem livres e iguais em dignidade e direitos. São dotados de razão e consciência e devem agir em relação uns aos outros com espírito de fraternidade.

Art. III – Todo homem tem direito à vida, à liberdade e à segurança.

Art. VI – Todo homem tem direito de ser, em todos os lugares, reconhecido como pessoa perante a lei.

Alguém já frisou que:

Os Direitos Humanos são os Direitos Naturais, e sua base repousa no pressuposto de que todo homem é dotado de uma dignidade natural, inviolável e inalienável, porque congênita, não constituindo esse reconhecimento nenhuma dádiva de qualquer Estado ou Governo. Para nós, Maçons, o Estado é o Poder a serviço da Sociedade.

O Maçom possui uma zona de ação política, no nosso entendimento, obrigatória na concepção da nossa doutrina, que nos impõe aderir a um seriado de preceitos, senão vejamos:

- Não podemos acatar e muito menos aceitar o extremismo político, e, de igual forma somos inteiramente contra o totalitarismo religioso;
- Somos pela Liberdade, pela Igualdade e pela Fraternidade de todos os cidadãos perante as leis, pela total soberania dos povos, e pelo governo representativo, através de eleições diretas e periódicas;
- Pessoalmente, como cidadão, sou contra a reeleição de quaisquer dirigentes dos Poderes Executivos, estendendo este meu conceito até mesmo nas áreas mais diversas

(Veneráveis, Grão-Mestres, Presidentes de Clubes, de Sindicatos, etc., etc.), é o meu pensamento particular.

Voltamos, ao nosso assunto:

- O Maçom tem obrigação, pois é um cidadão com capacidade civil, e como tal deve ser pela justiça social, nos nossos dias tão falada e decantada pelos nossos políticos, e tão distanciada da sua realidade concreta;
- Temos obrigações de combater a não liberdade do culto religioso, sermos pela separação entre as Igrejas e o Estado, pelo livre exercício dos cultos religiosos, pela inviolabilidade do domicílio, da correspondência, e, principalmente, pelo direito das reuniões e associações, tenha ela o caráter que a delineia.

Julgamos, com tais definições e conceitos, havermos definido a expressão contida no Ritual de Aprendiz Maçom do Rito Brasileiro, ou seja, "possuir Capacidade Civil".

Torquemada – O Intolerante

O mundo acaba sempre por condenar os que acusa. (Autor desconhecido)

É possível que um número considerável de leitores não tenha conhecimento de quem foi Tomás de Torquemada, muito menos já tiveram a oportunidade de ler sobre sua terrível atuação como "Inquisidor Mor".

Sobre a Inquisição, é possível que muitos já ouviram comentários, mas, repito, também, poucos sabem comentar sobre sua realidade, desconhecendo tratar-se de um antigo tribunal instituído pela Igreja Católica para investigar e punir crimes contra sua doutrina, identificado também como "Tribunal do Santo Ofício".

Tudo teria iniciado com a perseguição do Papa Inocêncio III (Giovanni Lotário), contra os denominados "albigenses" (natural da cidade de Albi – sul da França), seguidores que eram de uma seita, contra a qual Gregório III lançou sua ação punitiva, isto por volta de 1209 d.C.

Vamos dividir nosso Trabalho em dois itens, ou seja, historiar, ainda que sucintamente, sobre a Inquisição, e, em seguida, falaremos sobre Torquemada.

1. A INQUISIÇÃO

Etimologia – embora tenha origem nos idiomas francês,

alemão, inglês, espanhol e italiano, para o nosso português teve origem no latim (*inquisitio, inquisitionis* – indagação, investigação, pesquisa, inquérito, informação, devassa, inquirir, etc., etc.).

Origens e Propagação – A Inquisição foi instituída já no final do século XII, como tribunal permanente da Igreja Católica. Teve como ponto de partida por volta de 1184, através do Concílio de Verona, ocasião em que foram delegados aos bispos, poderes de "inquisidores ordinários", ficando obrigados a visitar frequentemente suas paróquias suspeitas da prática de heresias.

As heresias tomaram **"Força e Vigor"** na Europa, já no início do século XIII, ocasião em que o papa Gregório IX cria a denominada Inquisição Delegada, pela qual a Santa Sé enviava eclesiásticos aos lugares denominados de "infectos", para lutar contra os inimigos do catolicismo.

A Inquisição expandiu-se por quase todos ao países da Europa, tendo eficácia na França, Alemanha, Itália e mais tarde rumou-se para a Espanha, onde tomou o nome ou o título de "*Sanctum Officio*", ou Santo Ofício, criando nesse país fortes raízes, tornando-se uma instituição poderosíssima, que deixou lúgubres recordações, a que estão ligados os dois maiores inquisidores de toda sua história: – *Torquemada*, como principal e *Ximenes*, como coadjuvante.

Com o passar do tempo, a Inquisição foi se desenvolvendo na realização de processos, orientados por um regimento interno onde as leis e as ordens estavam sistematizadas. As investigações eram iniciadas com a publicação de um **"édito"**, pelo qual a população tomava conhecimento e tinha de trinta a quarenta dias para confessar suas faltas ou denunciar as alheias.

Era crime qualquer ofensa à fé ou aos costumes, com a prática do judaísmo, do protestantismo, a feitiçaria, a usura, a blasfêmia, a bigamia, etc.

Aquele que tivesse conhecimento de algum comportamento contrário ao que era publicado no edital e não revelasse, era perseguido com o "**fautor de hereges**", ou seja, pelo crime de acobertar culpas. As denúncias eram acolhidas de qualquer espécie, inclusive as anônimas.

O defensor era nomeado pelo próprio Santo Oficio; o réu, se absolvido, o que era raro acontecer, tinha que prestar juramento de que nada do que se passara com ele poderia ser revelado. A violação do segredo era equiparada ao crime de heresia.

Punições – As sentenças proclamadas eram desde a pena de morte, até o confisco de bens, passando pela prisão perpétua. Uma das mais rigorosas punições era a das galeras, que equivalia à da morte, em virtude das precárias e insalubres condições de trabalho forçado.

Havia a pena de desterro para lugares distantes, ou ainda o confinamento por toda a vida numa determinada localidade, via de regra, em aldeias pequenas, sem nenhum recurso.

Muitos réus, conscientes de inocência, recusavam confessar os crimes ou as culpas que lhes eram atribuídas, mesmo assim eram condenados à morte, da maneira mais cruel, com requintes de barbarismo, senão vejamos:

- se, pouco antes da execução implorava para morrer na "*Lei de Cristo*", era primeiro garroteado, isto é, tinha o pescoço estrangulado, e depois seu corpo queimado. O ato era público para que todos tomassem conhecimento.
- os réus iam em fila indiana, conduzindo velas acesas, vestindo um "**sambenito**" (uma espécie de bata), de cor amarela, com uma cruz negra no peito, ou o desenho de chamas ardentes, e, nesta trágica caminhada chegavam ao denominado "*queimadeiro*".

A Inquisição não se limitou ao continente europeu, espalhou-se pelo chamado Novo Mundo, chegando ao Peru, na Colômbia, Guatemala, México, e, afinal, no nosso Brasil, onde não se instalou oficialmente como Tribunal do Santo Ofício. Agiu aqui com os visitadores portugueses, comissários, bispos, vigários locais e até mesmo no seio familiar.

Como autoridade superior eclesiástica, os bispos tinham poderes para efetuar prisões, confiscar bens dos suspeitos e enviar os prisioneiros ou seus processos para julgamento em Lisboa, sede da coroa portuguesa.

Consta nos anais da história da Colônia Brasileira, que muitos patrícios nossos foram condenados à morte, tiveram seus bens familiares confiscados, constando que, o último brasileiro condenado à morte pereceu no auto de fé, no dia 20 de outubro de 1748, em Lisboa.

A aplicação dos horrores da Inquisição, quando de sua instalação, por volta de 1184, coube à Ordem Dominicana, fundada por São Domingos, responsável que foi pelo desenvolvimento, sua prática, sua legislação fundamental e importante desempenho perante a Igreja Católica.

No Brasil, sua aplicação ficou a cargo da Companhia de Jesus, mais precisamente aos padres Jesuítas.

Por falarmos em Jesuítas, aqui vai um fato verídico e bastante curioso: meu Irmão Maçom, Gerson Occhi, professor e advogado, prestou concurso para lecionar história no Colégio Jesuíta (J. Fora), e tudo corria bem, até que, no meado do 2º semestre, foi convocado a comparecer no Gabinete do Reitor, e, lá chegando, foi inquirido por aquele superior se era Maçom, tendo recebido resposta afirmativa. Prontamente o Reitor lhe informou que, para não prejudicar os alunos, ele completaria o semestre lecionando, e, ao final do ano estaria dispensado, uma vez que, como Maçom, não poderia lecionar naquele colégio.

Adiantou ainda que estava terminantemente proibido, em aula ou qualquer outra dependência do colégio, falar sobre Inquisição, Tomás de Torquemada e Marquês de Pombal.

Dias passados, uma aluna na sala de aula ergue o braço e pergunta ao Professor Gerson:

– Quem foi Tomás de Torquemada?

E o Gerson, com sua calma peculiar, respondeu:

– Vá ao gabinete do Reitor e indague sobre o que deseja...

2. TOMÁS DE TORQUEMADA

Religioso espanhol, pertencente à Ordem dos Padres Dominicanos, nascido em Valladolid, em 1420, e falecido na cidade de Ávila, em 1498, ambas na Espanha. Era sobrinho do cardeal Juan de Torquemada, também pertencente à ordem dos dominicanos.

Torquemada era considerado um dos maiores e mais importantes teólogos do século XV, tendo sido o prior do convento de Santa Cruz, em Segóvia, e foi confessor dos denominados "Reis Católicos", Isabel e Fernando, de quem, em nome do Santo Ofício, tinha plenos poderes e integral apoio.

Foi nomeado, inicialmente, Inquisidor-Mor dos reinos de Castelo e Leão, posteriormente, para a península Ibérica, ocasião em que publicou uma Instrução que serviu de base ao próprio código de processo com 28 artigos, sob o título *"Compilation de las instruciones del oficio da la Santa Inquisicion"*.

Era fanático perseguidor, sobretudo dos judeus, que por sua instigação, os que não foram condenados à fogueira, foram expulsos da Espanha.

Sua extremidade inquisitorial, cujos excessos eram de tamanha crueldade, que levou o Papa Alexandre VI a intervir na ação fanática de Torquemada que, como seu tio, ascendeu ao posto de Cardeal, é o que escreve os historiadores.

Vamos concluindo, tendo em mãos um romance sob o título "Torquemada", do romancista americano Howard Fast, cedido pelo Irmão Gerson, onde é descrita historicamente fantasiosa a vida deste religioso que manchou a trajetória dos princípios da Igreja Católica, cuja remissão de culpa foi piedosamente suplicada por aquele que foi considerado o "Homem do Século XX – João Paulo II".

Com o presente Trabalho, não pretendemos denegrir os princípios fundamentais da Igreja Católica, mesmo porque somos católico praticante, e sim, traçar aspectos históricos que já se perdem no tempo e no espaço.

BIBLIOGRAFIA

Enciclopédia Mirador Internacional.

Enciclopédia Universal.

FAST, H.. *Torquemada.*

Larousse Cultural.

A Maçonaria e os "Dáblios" (www)

W – Dáblio – letra que foi excluída do alfabeto português através das Instruções para Organização do Vocabulário Ortográfico da Língua Portuguesa, aprovadas pela Academia Brasileira de Letras, na Sessão de 12 de agosto de 1943, juntamente com a letras K e Y, ressalvando-se as abreviaturas de convenções internacionais, nomes próprios e outras derivações, no caso específico, o W é substituído pelas letras U ou V, nas palavras aportuguesadas, reintegradas novamente no nosso alfabeto pela nova reforma ortográfica de 2009.

Gaëtan Picon, citando Picasso em "As Linhas da Mão", assim se expressou: – "*Je n'évolue pás: je suis* – Não evoluo: sou".

Acredito que uma parcela muito significativa de Maçons, talvez aí pela casa dos oitenta por cento, ou mais, é detentora do "www" (World Wide Web) – *a teia de alcance mundial*, um dos grandes serviços que são oferecidos pela Internet, e que permite a encantada navegação pelas páginas, por vezes compostas de textos, sons e até imagens. É o famoso ***E-mail***, o correio eletrônico, aquele que não necessita de carteiro.

M. Halpern, em sua publicação sobre "Modernização, Protesto e Mudança", assim se expressa:

> *...a revolução da modernização envolve transformação – a transformação de todos os sistemas pelos quais o homem*

> *organiza sua sociedade, isto é, seus sistemas político, social, econômico, intelectual, religioso e psicológico... A revolução da modernização é a primeira revolução da humanidade para estabelecer um novo preço para a estabilidade de qualquer sistema da sociedade e, por isso, exige uma grande capacidade de absorver transformações persistentes...*

Muito se comenta que a Maçonaria tem que cooptar a Tradição com a Evolução. A tradição se expressa na espiritualidade dos Rituais, no seu *esoterismo*, naquilo que não possa ser profanado, de caráter reservado ou sigiloso, enquanto a evolução se coaduna com o *exoterismo*, expresso nos manuais, de alcance, por vezes restrito, por vezes ampliado.

O Maçom tem obrigação de ser o vanguardeiro da pesquisa da verdade, ser fiel à tradição da Ordem Maçônica, mas deve se renovar, principalmente na sua parte adjetiva, frente aos anos que passam, apesar dos sérios problemas que a sociedade mundial enfrenta.

É-me grato, sempre que a oportunidade se apresenta, citar o grande pensador contemporâneo, Pietro Ubaldi, na apresentação do seu belo trabalho *"Sem renovação não há vida"*. Assim diz ele:

> *A verdade não é uma posição psicológica definitiva e estática, mas um conhecimento relativo em evolução.*

O barco à vela que tanto navegou nos mares em busca de novos horizontes, em longos dias e até anos, foi substituído pelos gigantes transatlânticos que atravessam os mesmos mares, em poucas horas, ou pelos submarinos de propulsão atômica que mergulham nas profundezas dos oceanos, deixando para a posteridade, além da vela, a caldeira a vapor e o motor a combustível.

O balão esférico deu lugar ao avião do nosso patrício Santos Dumont, que foi transformado no jato supersônico, e os satélites tripulados aí estão em órbita quase que permanentemente.

A benevolência do Deus Criador dos Mundos, o nosso Grande Arquiteto do Universo, permitiu ao homem, estudioso das ciências, inventos prodigiosos, bem como conquistas que se alargam neste nosso universo. Estamos em plena era da automação e da cibernética, e, com esta, a grande figura deste aparelho, hoje tão comum e acessível nos lares mundiais – o computador.

Muito se apregoa, muito se divulga, e até mesmo se alardeia, que a Maçonaria é uma escola de virtudes e de ciência, é ainda uma universal instituição que procura a todo custo combater a ignorância, tudo faz para estimular o conhecimento, concorrendo diuturnamente para a alfabetização de sua filosofia, proclamando que a leitura, a instrução em todos os graus de ensino deve ser como a luz do dia, como o brilhar do Sol, jamais constituindo apenas um privilégio de alguns que poderão se julgar favorecidos.

A Maçonaria é, sem dúvida, uma instituição cultural, de integridade ímpar, uma escola de aperfeiçoamento individual e que se prolonga pelo aperfeiçoamento social.

Aprendi, desde a tenra idade, que toda legislação, se favorece parte da sociedade, a outra é prejudicada; se uma descoberta científica torna-se proveitosa para uns, nem sempre abrange o universo social.

Nesta linha de pensamentos, com o advento da informática, principalmente com a introdução da Internet, esta rede internacional que permite a comunicação a longa distância, onde são estimados mais de 100 milhões de pessoas que utilizam esse sistema, possibilitando o acesso a dados infindáveis, incluindo entre esses dados, uma gama de informações relacionadas com a Ordem Maçônica.

Banalização da Terminologia e dos Princípios Maçônicos

Odi profanum vulgus et arceo
(Odeio o vulgo profano e afasto-o).
(Horácio, Odes, III, 1)

Já tivemos algumas oportunidades de, através das nossas revistas especializadas, publicar alguns artigos, para mantermos viva a nossa Cultura, através da A.·. R.·. L.·. M.·. "Fraternidade Brazileira", fundada que foi em outubro de 1879, adormecida por volta de 1920, e, por proposta deste humilde servo octogenário da Ordem, há 17 anos passados, foi o precursor, o pioneiro, do reerguimento das Colunas da Loja, modificando sua principal característica para Loja de Estudos e Pesquisas, mantendo, porém, o mesmo nome Constitutivo, além de registrá-la, oficialmente, em cartório, com a grafia da época, ou seja: – Brazileira com "Z".

Feitas estas considerações, volvemos ao assunto primordial do nosso XVI Encontro Nacional de Membros Correspondentes:

BANALIZAÇÃO DA TERMINOLOGIA E DOS PRINCÍPIOS MAÇÔNICOS

Como um aventureiro escritor maçônico, tive oportunidade de ter alguns artigos ou verbetes publicados, quer em revistas, periódicos ou jornais de caráter maçônico, e até profanos, de artigos relativos ou referentes ao assunto proposto como Tema principal do Encontro já mencionado.

Recordo, e no meu arquivo consta um que se coaduna perfeitamente com este assunto proposto: "Maçonaria, ou clube de serviço?".

Defendo intransigentemente, sem nenhuma reserva de consciência, o livre-arbítrio que nos foi concedido pelo Grande Arquiteto do Universo de que o homem (ou mulher) siga os ditames da sua consciência, na escolha do caminho que melhor lhe seja plausível!

Discordo, porém, e justifico esta discordância, de que o cidadão se integre em uma entidade ou organização, tenha ela o caráter que possua, para dela tirar proveito puramente individual ou pessoal.

A Ordem Maçônica não foi criada, e isto tem sido caracterizado e comprovado, internacionalmente, para apadrinhar e muito menos para apaniguar indivíduos que não se coadunam com os deveres impostos por ela.

A vulgarização ou banalização da nossa terminologia, aliada aos princípios adstritos à Ordem Maçônica, de algum tempo para os dias atuais, voa numa velocidade indeterminada.

Proliferaram publicações, principalmente em revistas colocadas nas bancas, revistas estas em papel de primeira qualidade, com desenhos ou fotos amplamente coloridas que chamam a atenção, principalmente do curioso em desvendar nossos mistérios, se é que ainda existem.

Se publicam, inclusive DVDs, com projeções que vão desde a abertura de uma Sessão Iniciática até as conclusões do Orador, é claro e evidente que alguém, para ser mais claro, um Maçom, filmou, e possivelmente vendeu por um bom dinheiro, de igual forma acontece com as publicações, considerando que o profissional do órgão da imprensa interessada não invade as dependências de uma Loja para concretizar sua reportagem.

O advento da Ciência Informativa, em seus múltiplos poderes virtuais, foi como que uma avalanche mortífera com relação à nossa Sublime Ordem.

Até então tínhamos, também, como adversários ferrenhos, apenas a Igreja Católica, cuja mística aos poucos vai se esvaindo.

Como que, para se projetarem, colocando-se no topo das divergências, combatendo, com total veemência e vitalidade a Maçonaria, na maioria com intenções políticas, elegendo deputados, senadores ou até mesmo governadores, surgiram determinadas Igrejas, muitas das quais personalizadas, ou seja, únicas no local do seu funcionamento, e o que é deprimente, dirigidas por pessoas totalmente analfabetas, ludibriando analfabetos, até certo ponto compreensivo, posto que, no pensamento de Paul Guth, "*Outrora os analfabetos eram os que não iam à escola, hoje são os que a frequentam*"...

De certa feita, foi publicado um artigo de minha autoria, sob o título "*De quem é a culpa*", artigo pelo qual procurei interpretar dois aspectos distintos, com relação à apresentação de um Candidato a ingressar na nossa Ordem:

– Na indagação do título, argumentava eu, de quem cabia a responsabilidade do ingresso de um Profano, e de sua permanência como um verdadeiro e ideal Maçom, nas hostes maçônicas: se do proponente ou dos sindicantes?

A responsabilidade recai sobre ambos – o primeiro por ter a responsabilidade de só propor um cidadão digno, de moral ilibada, de comportamento social ético, se casado, de verdadeiro chefe familiar, e, sobretudo, na conversação (o que dificilmente ocorre), sobre a Maçonaria, sua finalidade, seus princípios e fundamentos filosóficos, além da parte materialista (pecuniária e frequência); já, aos sindicantes, recaem a responsabilidade de sindicar, ou seja, de inspecionar e inquirir totalmente a vida do Candidato.

E o que se nos apresenta hoje, em todas as Lojas, sem exceção: – sindicâncias exuberantes, verdadeiras peças de arquitetura, enaltecendo os Candidatos, colocando-os como salvadores, não só da Loja, como da Maçonaria e quiçá da nossa Pátria – Uma bela e honrosa aquisição será doada à Loja, este é o refrão popular maçônico, para não citar outros tão corriqueiros e tão entusiasticamente propagados...

Cabe a nós, Maçons por vocação e responsáveis, fixar normas mais enérgicas, com mais rigor, para aceitarmos novos Irmãos, aptos a congregar conosco, e não futuros perjuros.

Faz-me lembrar aqui uma citação atribuída a Auguste de Saint'Hilaire, publicada por Melo Barreto Filho: "*Ou o Brasil destrói a saúva, ou a saúva destrói o Brasil*". E a nossa Ordem se encontra neste dilema...

Indago eu, já militando há quase trinta anos no meio maçônico: seriam os ineptos, ou os inadaptáveis, que por este ou aquele ato ingressaram na Maçonaria, sem sequer possuir qualquer resquício vocacional, os responsáveis pela quebra da nossa total hegemonia maçônica – ou o responsável por tudo isso, que hoje ocorre ao sabor dos ventos contrários, deverá ser debitado nos Padrinhos que os apresentaram ou nas débeis sindicâncias? – Responda você, Mestre Maçom, O Grande, e Importante para a Ordem Maçônica.

Concluo, exortando a sabedoria de Shakespeare, primeiro em inglês, depois no nosso português:

> *A habitation giddy and unsure, hath he that buildeth on the vulgar heart.*
>
> ***Quem constrói num coração vulgar, acaba tendo uma casa torta e insegura.***

Aos Meus Diletos Sobrinhos da Ordem De Molay

Não poderia me furtar ao convite feito pelo meu Irmão, o Indeclinável Acadêmico, José Suarez da Motta, para conversarmos sobre esta Ordem que compreende um movimento jovem, de cunho educacional em todos os sentidos, do qual a Sublime Maçonaria abraçou ativamente.

Estou aqui na qualidade de Presidente da Academia Maçônica de Juiz de Fora, com aquiescência de sua Assembleia, não para recordar a história da instalação deste movimento internacional, pois isto seria, no dizer do aforismo popular, "malhar em ferro frio".

Escolhemos um tema para abordagem, ainda que sucintamente, na esperança de que seja útil e agradável a todos vocês, meus Sobrinhos.

Por ocasião da Iniciação de cada um aqui presente, após ter sido prestado o Juramento Sagrado e recebido a Luz, deixando de ser um jovem Profano, passando à condição de De Molay, após a jornada simbólica, lhes são apresentadas as Joias emblemáticas das "*Sete Virtudes Cardeais*" de um De Molay.

E é exatamente sobre estas "*Sete Virtudes Cardeais*" que abordaremos, não tanto no sentido lato, mas tanto quanto simplificado – ei-las:

Amor Filial – Reverência pelas Coisas Sagradas – Educação – Companheirismo – Fidelidade – Pureza e, finalmente, **Patriotismo.**

AMOR FILIAL – Ambos os termos se originam do latim, "amor" e "*filialis*", sendo o mais nobre sentimento de que é capaz um ser racional. O amor nunca deve se reduzir a uma simples atração ou simpatia romântica, e muito menos a uma atração sexual. Trata-se de desejar e querer o bem do outro. Podemos conceituar que o amor filial é próprio ou natural do filho, no conceito de vocês deve ser representado como amor de filiação ao seu Irmão de Ordem, devendo ser, ainda, representado como uma grande vitória sobre o egoísmo.

O amor verdadeiro deve compreender as fraquezas sem justificá-las, saber valorizar as qualidades, sem lisonjeá-las. Enfim, alguém já disse que o "amor constrói, enquanto o ódio só sabe destruir".

REVERÊNCIA SOBRE AS COISAS SAGRADAS – Reverência deriva do verbo referenciar, do latim, *reverentia,* a significar respeito profundo, consideração, veneração, ou, cumprimento respeitoso.

Este mandamento imposto ao De Molay poderá ser interpretado dentro dos princípios religiosos que cada um professa, como podemos exemplificar:

1. para os seguidores do Judaísmo, têm como o Livro Sagrado, a Torá, denominado Pentateuco, sendo uma tradução grega do termo hebraico "Humash", que se refere à "Lei de Moisés", ou seja, o conjunto dos cinco primeiros livros da Bíblia: Gênesis, Êxodo, Levítico, Números e Deuteronômio;
2. Para os que seguem os princípios da religião Islamita ou muçulmanismo, seguidores de Maomé, têm como seu Livro Sagrado o Corão ou o Alcorão, é tido como a obra-prima da literatura árabe. Os textos foram repartidos em 114 suras (capítulos), subdivididos num total de 6.236 versículos;
3. E, para os adeptos do Cristianismo, a Bíblia, que nós denominamos de Sagradas Escrituras, tendo como nosso

Guia, Cristo, na realidade não se trata de apenas um livro, mas de uma coletânea de livros, mais precisamente de 73 livros ao todo. Alguns são mais longos, outros mais curtos, alguns são muito antigos, outros mais recentes, e, neles encontramos história, poesia, filosofia, hinos, e até cartas pessoais, além de sermões.

EDUCAÇÃO – Do latim *"educere"*, que significa *extrair, tirar, desenvolver*. Consiste, essencialmente, na formação do homem de caráter, daquele que pratica e adota as regras reguladoras para se ter uma convivência harmoniosa no seio da sociedade.

A etimologia do termo se apresenta em vários aspectos básicos, a saber:

- *Educação moral*, a que visa à formação de hábitos, atitudes e comportamentos que influenciam o homem a conviver no meio social;
- *Educação religiosa*, compreendendo os conhecimentos relativos ao credo religioso a que cada pessoa pertence.
- *Educação da inteligência*, que tem como ponto de partida a realidade, apresentada de forma justa, clara, serena e segura para não conduzir a pessoa humana na aquisição de falsas ideias ou até mesmo de preconceitos que possam deformá-las;
- *Educação de afetividade*, é aquela que auxilia a cultivar e ajudar o desabrochar da pessoa, o afeto, a bondade e a dedicação no trato com o alheio;
- *Educação sexual*, tendo como ponto alto o sentimento de pudor, a confiança entre os familiares, principalmente entre filhos e pais, nunca derivando para a libertinagem, devendo sempre ser observado com pureza e, nos dias atuais, com plena segurança para não se infectar com doenças incuráveis;
- *Educação física e da saúde*, é a que se relaciona mediante

a formação de hábitos e atitudes, visando, não só a higiene corporal e mental, bem como a atividade física para o equilíbrio e o bem-estar da condição corporal;

- *Educação para a cidadania*, que tem como objetivo principal despertar no cidadão o amor à Pátria, o respeito às autoridades (quando estas são cumpridoras de suas obrigações, não sendo desonestas ou corruptas), respeito às instituições devidamente constituídas, desempenhando com responsabilidade suas obrigações no seio da comunidade, visando o bem comum;
- Finalmente, a *Educação vocacional e profissional*, visando despertar em cada indivíduo a capacidade de discernir sua tendência para o aproveitamento completo de atuar na área que mais lhe satisfaz.
- A vocação é fator importante na vida do cidadão, é o ato de chamamento pelo qual cada um se sente atraído para um determinado gênero de vida, a uma carreira ou profissão.
- O ingresso, ainda que o jovem no início da puberdade, na Ordem De Molay, no decorrer do tempo exige que tenha vocação para continuar, até atingir a idade limite. Assim ocorre em qualquer atividade da vida – sem vocação não se chega à perfeição.
- Cassiano Nunes, em seu discurso de Posse na Academia Brasiliense de Letras, citou Stumpf, com a seguinte frase: "Quem descobre a sua vocação, não precisa de carreira".

COMPANHEIRISMO – Vem de companheiro, companhia – do latim "*cum*" = com + " *panis*" = pão, significando o grupo que repartia o pão entre si.

Podemos afirmar que é um sentimento de simpatia e até mesmo de solidariedade existente entre pessoas cujos contatos são frequentes, ou tenham convivência permanente.

Ser companheiro não significa manter amizade profunda,

porque esta implica em laços afetivos mais ardentes e sólidos, podendo, entretanto, através de um companheirismo chegar-se a uma grande amizade.

FIDELIDADE – (Do latim *fidelitas, fidelitatis*) – É a qualidade de quem é fiel, de quem é devotado, constante em seus sentimentos, nas suas afeições e até mesmo nos seus hábitos. O praticante desta virtude jamais fugirá do compromisso assumido, jamais trairá sua palavra empenhada, em hipótese alguma deixará de ser sincero para com as pessoas, principalmente com seus pares.

A fidelidade impõe ao outro confiança absoluta, movida pela fé que desperta no trato de lhaneza entre pessoas que se estimam mutuamente.

Citando um pensamento, diríamos que "a fé não é um frio ato racional, mas uma resposta, uma atitude vital do homem todo a uma mensagem divina, na qual ele descobre o sentido profundo de sua existência e a grandeza de seu destino".

PUREZA – (Do latim "*purus*") – O termo indica, no sentido amplo, tudo aquilo que não está misturado com substância estranha. Como uma virtude cardinal, passa a ter uma significação de transparência, de inocência, de perfeição e de sinceridade.

Podemos comparar a transparência com a água: – clara, quando nenhum corpo estranho a turva; é diáfana, porque por ela passam os raios de luz; é transparente, porque permite se pressentir a nossa vista os objetos que em si contém.

A pureza indica o estado da alma e do coração que não sofre os embates da impureza nem da maldade; a pureza está ligada fortemente ao coração, pois afasta de si toda a ideia de prejudicar o próximo, atuando com decência e honestidade.

PATRIOTISMO – Como todos os demais vocábulos que compõem as sete virtude cardeais de um jovem De Molay, têm suas origens no latim. Patriotismo não foge à regra, vem do radical latino "pátria" = país natal.

Todas as virtudes emanam de um sentimento de amor, e ser patriota é amar à Pátria em que nascemos. Vamos encontrar na "Pequena Enciclopédia de Moral e Civismo", editada pelo Ministério da Educação e Cultura (1967), tratar-se de um sentimento complexo no qual podemos descobrir vários componentes:

1 – O *desinteresse* – amor, portanto, puro, que não visa a vantagens pessoais, mas, ao contrário, é capaz de sacrifício, inclusive o da própria vida. Toda Pátria se constituiu mercê do holocausto de inumeráveis patriotas anônimos que, na paz e na guerra, alicerçaram a sua grandeza no suor e no sangue.

2 – O *realismo*, isto é, o verdadeiro amor patriótico é dedicado à Pátria, na sua realidade, com seus aspectos positivos e negativos, sem necessidade de fazer-se dela uma imagem fantástica e ufanista.

3 – *A permanência* – é um amor fiel e constante, nas horas de glória e de humilhação.

4 – *Amor sem invejas, nem rivalidades* – o patriota sabe que existem outras pátrias maiores, mais poderosas, com maior riqueza de criações científicas ou artísticas. Isto, longe de despertar nele o ressentimento, constitui um estímulo para trabalhar mais para a grandeza de sua Pátria.

Meus diletos Sobrinhos, espero que este contato com vocês tenha sido proveitoso, que a exposição que me foi permitida transmiti-la possa produzir frutos na convivência de cada um, que a prática, não só destas sete virtudes, mas de outras tantas que a vida nos oferece, tenha guarida entre todos vocês.

Despeço-me, citando Ortega y Gasset, em "O Livro das Missões – Missão da Universidade":

A virtude do menino é o desejo – e o seu papel, sonhar. Mas a virtude do homem é querer – e o seu papel, fazer, realizar.

Muito grato

Palestra pronunciada em maio de 2008.

Os Grandes Períodos Históricos da Maçonaria Universal

(ONTEM – HOJE E AMANHÃ)

História... testis temporum, lux veritatis, vita memoriae, magistra vitae, nuntia vetustatis (A História... é a testemunha dos tempos, a luz da verdade, ávida da memória, a mestra da vida, a anunciadora da antiguidade).
(Cícero – do Orador II)

A origem da Ordem Maçônica constitui, até nossos dias, um problema insolúvel. A própria Constituição de Anderson nada nos adiantou sobre o fato. Fantasias existem fartamente a respeito da origem da Maçonaria, de autores do passado e do presente, principalmente nos dias atuais com a implantação da Internet.

O assunto que nos propomos não é prognosticar a origem da Ordem, e sim a fixação dos períodos históricos que, para a maioria dos maçonólogos está dividida em três períodos:

1° – Maçonaria primitiva (antigos mistérios)
2° – Maçonaria operativa (ou dos construtores)
3° – Maçonaria especulativa (atual ou contemporânea)

Alec Mellor, grande escritor francês, Maçom que teve o

privilégio de obter permissão papal para ser Iniciado, conceitua três fases históricas:

1. O período dito operativo, isto é, aquele em que a Franco--Maçonaria tinha por objetivo as construções materiais;
2. O período de transição;
3. O período de Franco-Maçonaria especulativa, iniciado em 1717, com a constituição da primeira Grande Loja da Inglaterra.

Como vemos, Mellor abandona o dito período primitivo, que inclui os Mistérios Persas, Gregos, Judaicos, os Pitagóricos, Essênios, Romanos, etc., e cita o período de transição.

Não há dúvidas de que a Franco-Maçonaria foi buscar nesses mistérios, além de lendas, algumas proposições ritualísticas, como seria o caso das Iniciações, incluindo vasta simbologia onde podemos incluir a alquimia que aparece nos mistérios egípcios com as provas da terra, ar, água e do fogo; alguns escritores vão mais além, incluindo os Sinais e Toques.

Nos mistérios judaicos, a construção do templo de Jerusalém, ou de Salomão, como querem alguns, ali estão representados, o mar de bronze, o candelabro de sete braços ou das sete luzes, o altar dos pães da proposição, e outros símbolos adotados pela Franco-Maçonaria.

R. S. Clymer, em seu livro "A Iniciação de Jesus", faz citação sobre o fundamento da iniciação, onde aparece a venda dos olhos, a caverna de reflexões e até mesmo a ceia após a iniciação, todos eles relacionados com os mistérios essênios.

A Maçonaria operativa também aparece inicialmente como lendária, quando se atribui seu início nos "Collegia Fabrorum", atribuída ao rei lendário Numa Pompílio. Ora, se o rei é lendário, lendária é sua teoria de haver criado a organização religiosa de Roma, com um calendário sagrado e a introdução dos deuses sabinos e onde aparece a ninfa Egéria, que o hauriu de sabedoria.

Entretanto, admite-se como sendo um período histórico da Franco-Maçonaria, a era denominada Operativa ou dos Construtores, sendo esta segunda a mais confiável.

Citando novamente maçonólogos de renome, vamos encontrar nesse período o aprofundamento nos estudos de documentos tidos como fundamentais, tais como a Constituição de York, o Poema Régio, o Manuscrito de Cooke, os Estatutos e Regulamentos da Confraria dos Trabalhadores de Pedra de Strasburgo, a Carta de Colônia, o Regulamento de 1663, também conhecido como Lei de Santo Albano, e outros documentos anteriores a 1717.

É inegável que se atribua as grandes construções da época à Maçonaria Operativa, ou mais acertadamente a dos Construtores, registrando-se que as corporações da época, mais precisamente por volta do século XVI ao século XVII, todas tinham um cunho cristão, razão pela qual as grandes construções de Igrejas, Catedrais, Abadias, Mosteiros, Conventos , Basílicas e Palácios, foram obras de tais corporações.

É conferido à Maçonaria as construções das grandes catedrais, como a Notre Dame de Paris, Bolonha, Chartes, Colônia, Córdoba, Florença, Gênova, Milão, Nápoles, Reims, de Strasburgo, São Pedro em Roma, o Convento de Monte Cassino, o Mosteiro da Batalha, entre outros monumentos históricos, todos situados na Europa.

Registra-se que nessa época a Maçonaria teve vários santos/santas, patronos: – São Tomaz, São Braz, Santa Bárbara, São Luís, São Gregório, São Marino, Santo Estevão, e, os quatro Bem-Aventurados Mártires Coroados: Severo, Severiano, Carpóforo e Vitorino, e, por fim, São João, que permanece até nossos dias (Batista ou Evangelista?).

Corre o tempo. A arquitetura se modifica, a arte gótica entra em declínio, os construtores que até então atuavam fiéis às Corporações, passam a atuar independentes, ou seja, fora delas.

Desfaz-se a Maçonaria Operativa e elementos estranhos começam a ser admitidos, os regulamentos começam a se modificar, permitindo o ingresso de homens de várias classes sociais.

Assim, em 1717, nos relata Alec Mellor:

> *Aconteceram dois fenômenos: um interessa unicamente à sociologia corporativa com a fusão das quatro "Antigas Lojas"; o outro é singularmente mais profundo. Visto à distância pelos modernos, esse dualismo está velado pelo tempo. Revela-se somente pela análise profunda, e é provável que os últimos Maçons operativos, que salvaram a Franco-Maçonaria da morte, estivessem longe de perceber o seu alcance histórico.*

As quatro "antigas Lojas" citadas por Mellor, são:

- O "Ganso e a Grelha" (A Loja da "Cervejaria")
- A "Coroa" (A Loja da "Cervejaria")
- A "Macieira" (A Loja da "Taberna")
- A "Taça e as Uvas" (A Loja da "Taberna do Copázio" e do "Bago de Uva") que, no evento histórico de 24 de junho de 1717, exatamente há 291 anos, dia dedicado a São João Batista, forma-se a Maçonaria Especulativa ou Contemporânea, tendo o Reverendo francês, João Teófilo Desagulier, a iniciativa de instituir um Centro Comum, para unificar, fortificar e renovar a grande obra maçônica e assim é criada a Grande Loja sob a autoridade de um Grão-Mestre.

A atual e nova Maçonaria passou a ter novos objetivos – não mais a construção de edifícios materiais, e sim a construção do homem ideal, do homem livre e de bons costumes, daquele que se dedica a compreender, simbolicamente, o Templo de Salomão que tomamos emprestado da nossa Bíblia; o homem que vê no compasso, no esquadro e no maço do carpinteiro e de tantas ferramentas que veneramos a mudança do homem profano em um homem de bem, o homem que honra a tradição de nossos antepassados, o homem que legará aos seus filhos a continuidade desta imensa organização universal – a Maçonaria.

É esta a Instituição que para o futuro vislumbramos e visualizamos para os que nos substituirão, e que, a Pedra Bruta se transforme em Pedra Cúbica para transformar-se na imagem do homem que apara suas arestas na transfiguração de si próprio.

Não é suficiente declarar publicamente – Sou Maçom!... É imprescindível que esteja imbuído da grande responsabilidade de que estamos investidos. É necessário que nos aprofundemos na história da nossa Ordem Universal. Que estudemos, que leiamos, que a Maçonaria necessita manter-se fiel à sua tradição. Recordemos que os católicos, como sou, não estacionaram na revelação do nosso patrono São João. A vida não pode morrer estagnada no caminho. Um grande pensador contemporâneo, Pietro Ubaldi, escreveu um belo trabalho:

> *Sem renovação não há vida – A verdade, não é uma posição psicológica definitiva e estática, mas um conhecimento relativo em evolução.*

Permitam-me encerrar esta singela exposição, citando Tchecov, em Ato II, de "As Três Irmãs":

> *Daqui a duzentos anos ou trezentos anos, ou mesmo mil anos – não se trata de exatidão – haverá uma vida nova. Nova e feliz. Não tomaremos parte nessa vida, é verdade... Mas é para ela que estamos vivendo hoje. É para ela que trabalhamos e, se bem que a soframos, nós a criamos. E nisso está o objetivo de nossa existência aqui.*

Maçons Brasileiros Presidentes da República

1889-1930

Desde que se proclamou a nossa independência em 1822, já havia nascido em muitos brasileiros a ideia republicana, afirma-se até que a monarquia era "uma planta exótica" na América, considerando que os demais países do nosso continente não a haviam adotado, após as suas libertações.

O núcleo maçônico brasileiro, ainda que não houvessem regularmente Lojas instaladas no Brasil com poderes de Iniciação, muitos compatriotas foram Iniciados, principalmente na França, e alguns em Portugal, sonhavam com a nossa independência, porém, num regime republicano.

Tal desejo era espelhado, principalmente no regime republicano que se instalou nos Estados Unidos, movimento que teve à frente o grande líder Maçom George Washington, além da Revolução Francesa, onde expoentes Maçons se destacaram, entre eles Voltaire, Diderot, Condorcet, D'Alembert, e tantos outros.

Afinal, no dia 15 de novembro de 1889, o sonho maçônico tornou-se realidade, com a implantação da República Brasileira, sendo o seu primeiro Presidente, Maçom, abrindo assim o caminho para outros que o seguiram, pela ordem:

1) – DEODORO DA FONSECA (1889-1891)

Manuel Deodoro da Fonseca nasceu na cidade velha de Alagoas (hoje Marechal Deodoro), a 5 de agosto de 1827, filho do Tenente-Coronel Manuel Mendes da Fonseca e D. Rosa Maria Mendes da Fonseca. Ingressou no Exército em 1845. Tomou parte em várias campanhas, sendo promovido até o posto de marechal de campo. Distinguiu-se por extraordinária bravura na Guerra do Paraguai.

Gozava de enorme prestígio entre os militares e era considerado líder da sua classe. A 15 de novembro de 1889, chefiou o movimento que depôs o último gabinete da monarquia presidido pelo Visconde de Ouro Preto, proclamando a República. No mesmo dia foi aclamado chefe do Governo Provisório e como tal conseguiu a adesão de todos os Estados para os quais nomeou governadores, estabeleceu a separação da Igreja do Estado, o casamento civil, promulgou o novo Código Penal e aprovou a nova bandeira do País. Convocou a Assembleia Constituinte que aprovou a primeira Constituição em 24 de fevereiro de 1891. Eleito pela Assembleia, assumiu a Presidência da República. Entrando em conflito com o Poder Legislativo, dissolveu o Congresso Nacional, o que provocou reação por parte da Marinha, comandada pelo Almirante Custódio de Melo. Preferiu renunciar a enfrentar uma guerra civil, passando o poder ao vice-presidente, com ele eleito pela Constituinte, Marechal Floriano Peixoto. Deodoro faleceu no dia 23 de agosto de 1892.

Deodoro foi Iniciado Maçom no dia 20 de setembro de 1873, na Loja "Rocha Negra" nº 249, do Grande Oriente do Brasil, Oriente de São Gabriel – RS.

2) – FLORIANO PEIXOTO (1891-1894)

Floriano Vieira Peixoto nasceu na vila Ipioca, Província de

Alagoas, a 30 de abril de 1839, filho de Manuel Vieira Peixoto e D. Ana Joaquina de Albuquerque Peixoto. Assentou praça em 1857, atingindo o posto de marechal de campo. Distinguiu-se pela bravura na Guerra do Paraguai. Foi Presidente da Província de Mato Grosso e ocupou o cargo de ajudante-general do Exército. Com a renúncia de Deodoro, assumiu a Chefia do Governo e exerceu-o até 15 de novembro de 1894. Durante o seu governo eclodiram duas revoluções: a Federalista, no Rio Grande do Sul, e a da Armada, no Rio de Janeiro, chefiada pelo Almirante Saldanha da Gama. Floriano reconvocou o Congresso e resistiu aos dois movimentos revolucionários, despertando forte movimento nacionalista, sendo cognominado, por isso, **Marechal de Ferro**, e **Consolidador da República**.

Enfrentou grande oposição parlamentar e foi implacável em relação aos oficiais que representaram contra sua permanência no Governo. Era membro do Supremo Tribunal Militar. Faleceu em Cambuquira, Minas Gerais, a 29 de julho de 1895. É até hoje venerado como defensor do espírito republicano, tendo rompido relações com Portugal por terem os navios dessa nação dado asilo aos oficiais da marinha rebeldes.

Floriano Peixoto foi Iniciado em 1875, na Loja "Perfeita Amizade Alagoana", segundo declara Castellani, em seu livro "A Maçonaria e o Movimento Republicano Brasileiro" – pág. 41.

3) – PRUDENTE DE MORAIS (1894-1898)

Prudente José de Morais Barros, nasceu em Itu, São Paulo, a 4 de outubro de 1841. Era filho de José Marcelino de Barros e D. Catarina Maria de Barros. Bacharel em Direito pela Faculdade de São Paulo em 1863, exerceu a advocacia em Piracicaba.

Foi eleito deputado à Assembleia Provincial, primeiro pelo Partido Liberal e, depois pelo Partido Republicano. Em 1885 elegeu-se para a Câmara dos Deputados. Integrou a Assembleia Constituinte Republicana como senador, sendo eleito para presidi-la. Concorreu com o Marechal Deodoro à Presidência da República. Em 1894, foi escolhido presidente da República, em eleição direta, tomando posse a 15 de novembro. Restabeleceu as relações com Portugal e resolveu pacificamente o conflito com a Inglaterra que ocupava a nossa Ilha da Trindade. Sob seu governo foi o Brasil vitorioso por arbitragem dos Estados Unidos, na questão de limites com a Argentina, conhecida como Questão das Missões.

Também firmou-se com a França um tratado para resolver a Questão do Amapá, com arbitragem da Suíça. Em virtude de doença, passou o exercício do Governo ao Vice-Presidente Manuel Vitorino Pereira, de 10 de novembro de 1896 a 5 de março seguinte. Sofreu um atentado por um soldado fanático a 5 de novembro de 1897, no qual tombou mortalmente o Ministro da Guerra, Marechal Machado Bittencourt, que defendeu o presidente. No seu governo iniciou-se o conflito de Canudos. Faleceu em 1902.

> *Com relação ao seu ingresso na Maçonaria, vamos recorrer novamente ao livro do Castellani: "É bem provável que ele tenha, nessa época, ingressado na Maçonaria, em 1862, ou 1863, na Loja "7 de Setembro", da Capital (São Paulo), fundada, exatamente, por seus amigos Campos Sales e Rangel Pestana... – existem autores, todavia, que afirmam que ele teria sido Iniciado na Loja "Beneficência Ituana", fundada em 1873, em Itu (SP). Não há dúvida, entretanto, de que tenha sido Maçom, pois, em 1875, constou como um dos fundadores da Loja "Piracicaba".*

4) – CAMPOS SALES (1898-1902)

Manuel Ferraz de Campos Sales, nasceu em Campinas, São Paulo, a 13 de fevereiro de 1841, filho de Francisco de Paula Sales e D. Ana Cândida de Sales.

Bacharelou-se em Direito na Faculdade de São Paulo. Foi

deputado provincial pelo Partido Liberal em 1867. Aderiu ao Partido Republicano, sendo um dos signatários do Manifesto Republicano de 1870, sendo eleito deputado geral em 1885.

Proclamada a República, foi ministro da Justiça do Governo Provisório. Senador na Constituinte de 1890, interrompeu o mandato por ter sido eleito presidente do Estado de São Paulo. Eleito Presidente da República, de 15 de novembro de 1898 a 15 de novembro de 1902, visitou a Argentina em caráter oficial, passando o exercício do Governo a Francisco de Assis Rosa e Silva, de 19 de outubro a 8 de novembro de 1900.

O seu governo caracterizou-se pela atenção dada à política fiscal a cargo do Ministro da Fazenda Joaquim Murtinho.

Para fortalecer o Governo estabeleceu a chamada "política dos governadores", pela qual as bancadas dos Estados prestigiadas pelos chefes das unidades teriam o reconhecimento assegurado em troca do apoio que dariam ao Governo Federal.

A severidade na cobrança dos impostos diminuiu-lhe a popularidade, mas, ao deixar o Governo, as finanças se encontravam em boa situação.

Em 1906, voltou a ocupar a cadeira de senador por São Paulo. Faleceu a 28 de junho de 1913.

Kurt Prober cita duas Lojas, onde, possivelmente, Campos Sales tenha sido Iniciado: Loja "Independência" de Campinas, ou, mais provavelmente, na Loja "7 de Setembro", Oriente de São Paulo, por volta de 1863. Cita ainda este grande maçonólogo, duas Lojas, cujo breve constitutivo é em homenagem a Campos Sales. A "Campos Sales", cad. 5565, de São Paulo e "Campos Sales II", cad. 1307, de Santa Bárbara do Oeste.

5) – NILO PEÇANHA (1909-1910)

...que tal como o "Nilo" fertiliza as terras do Egito, assim também a Maçonaria esperava que o Irmão Neófito fecundasse com

seus clarões de seu brilhante espírito as Colunas da Ordem..." (texto inserido no discurso do orador Pedro Muniz, da Loja "Ganganelli", Oriente do Rio de Janeiro no dia da Iniciação de Nilo Peçanha, por volta de 1902/1903).

Nilo Procópio Peçanha, nasceu a 2 de outubro de 1867, Campos – RJ. Estudou Direito em São Paulo e depois na cidade de Recife, onde se formou.

Filho de um padeiro, Sebastião de Souza Peçanha e D. Joaquina de Sá Freire Peçanha, seu pai, apesar de parca instrução, fazia absoluta questão de bem educar seu filho.

Formado, regressou à sua cidade natal, onde iniciou suas atividades como advogado, mantendo sempre contato com políticos do Rio de Janeiro, participando ativamente das campanhas abolicionistas e republicana, iniciando sua vida política em 1890, ao ser eleito para a Assembleia Constituinte.

Em 1903 foi sucessivamente senador e presidente do Estado do Rio, permanecendo neste cargo até 1906, quando foi eleito, na chapa de Afonso Pena, vice-presidente da República. Em 1909, com a morte de Afonso Pena, assumiu a Presidência. Embora curto, o seu governo foi marcado pela agitação política em razão de suas divergências com Pinheiro Machado, líder do Partido Republicano Conservador.

Em consequência da campanha civilista, tornaram-se mais agudos os conflitos entre as oligarquias estaduais, sobretudo de Minas Gerais e São Paulo.

Nilo Peçanha criou o Ministério da Agricultura, Comércio e Indústria, o Serviço de Proteção ao Índio e inaugurou no Brasil o ensino técnico profissional.

Ao fim de seu mandato, voltou ao Senado e dois anos mais tarde foi eleito novamente presidente do Estado, cargo que renunciou em 1917, para assumir a pasta das Relações Exteriores. Eleito novamente senador em 1918, encabeçou em 1921 a chapa de movimento Reação Republicana, que tinha por objetivo contrapor o liberalismo político contra a política vigente das oligarquias estaduais. Morreu em 1924 no Rio de Janeiro, afastado da vida política.

6) – HERMES DA FONSECA (1910/1914)

Hermes Rodrigues da Fonseca, gaúcho de São Gabriel, nascido no ano de 1855, desconhecido o dia e o mês, pertencia a uma família de importantes militares, tornando-se marechal em 1906. Durante o Império, foi ajudante de ordens do conde d'Eu. Proclamou a república, foi ajudante e secretário militar de Deodoro da Fonseca, de quem era sobrinho.

Estudou no Rio de Janeiro, ingressando na Escola Militar em 1871. Foi aluno de Benjamin Constant, simpatizou-se com o positivismo e foi um dos fundadores do Clube Republicano do Círculo Militar.

Hermes da Fonseca participou da Revolta Republicana ao lado de seu tio Marechal Deodoro. Dirigiu o Arsenal de Guerra da Bahia, fundou e dirigiu a Escola de Sargentos, durante o governo de Floriano Peixoto; comandou a Brigada da Polícia do Rio de Janeiro e foi diretor da Escola Preparatória Técnica de Realengo.

Promovido a general de divisão em 1905 e a marechal em 1906, foi nomeado por Afonso Pena para a pasta da Guerra, onde reorganizou o Exército e insistiu, através da lei votada em maio de 1908, na instituição do serviço militar obrigatório.

Após agitada campanha, Hermes da Fonseca venceu as eleições contra a campanha civilista que apoiava Rui Barbosa, assumindo a Presidência da República em 15 de novembro de 1910.

Logo após sua posse, várias revoltas eclodiram e foram combatidas pelas tropas do governo, e a seguir, iniciou-se a denominada política "salvações nacionais", série de intervenções militares nos

Estados, visando ao expurgo de elementos da oposição, cujo prestígio competia com a autoridade da Presidência.

Depois de deixar o cargo de Presidente da República, foi eleito senador pelo Partido Republicano Conservador, mas não assumiu. Em 1920, viu-se implicado na crise de sucessão de Epitácio Pessoa. Em 1922, envolveu-se na Revolta do Forte de Copacabana, sendo preso por seis meses, ao fim dos quais retirou-se para Petrópolis, onde morreu em 9 de setembro de 1923.

7) – WENCESLAU BRÁS (1914-1918)

É interessante ressaltar que, em nenhuma enciclopédia consultada, cerca de meia dúzia, não é citada a filiação de Wenceslau Brás Pereira Gomes, nascido em 26 de fevereiro de 1868, em São Caetano da Vargem Grande, município de Itajubá, hoje cidade de Brasópolis – MG.

Depois de completar os estudos preparatórios num colégio de São Paulo, ingressou na faculdade de direito, onde se diplomou em 1890, na mesma turma que seu primo Delfim Moreira, que também exerceu, como vice-presidente, o cargo de Presidente da República.

Retornando ao estado de Minas Gerais, exerceu vários cargos públicos, inclusive o de Presidente do Estado. Foi indicado por seu partido para Vice-Presidente da República na chapa de Hermes da Fonseca. Terminado o mandado do Marechal, seu nome volta a ser indicado, nesta oportunidade para Presidente da República, como candidato único, para conciliar os estados de Minas e São Paulo, o denominado *"café com leite"*.

A primeira grande guerra mundial eclodiu em seu governo, e o torpedeamento de navios brasileiros por submarinos alemães, levou o Brasil a entrar na Guerra, declarando o **"estado de sítio"**, que vigorou até o fim da guerra. Foi durante o seu governo que foi promulgado o Código Civil Brasileiro.

Terminado o mandato de Presidente da República, retornou ao estado natal, recolhendo-se ao anonimato, recebendo a alcunha de "solitário de Itajubá".

Wenceslau Brás foi Iniciado em 7 de março de 1896, na Loja "Caridade Mocoquense", cidade de Mococa – SP. Nesta época, Wenceslau Brás residia na cidade de Monte Santo – MG, que distava mais ou menos 50 quilômetros da cidade paulista.

Nota: Foi encontrada a grafia do nome Venceslau/Wenceslau, ou seja, com "V e com W".

8) – WASHINGTON LUÍS (1926-1930)

Washington Luís Pereira de Souza, oitavo e último Presidente Maçom da era da primeira Constituição Republicana, era natural dc Macaé, Estado do Rio de Janeiro, nascido em 26 de outubro de 1869. Outro Presidente da República que não teve seus progenitores identificados. Após concluir o curso preparatório no Colégio Pedro II, na cidade do Rio de Janeiro, matriculou-se na Faculdade de Direito de São Paulo.

De regresso ao Estado do Rio, foi promotor Público da cidade de Barra Mansa, e, posteriormente, renunciou deste cargo, transferindo-se para a cidade paulista de Batatais, onde se fixou como advogado, iniciando ali sua carreira política como vereador. Casou-se naquela cidade com Sofia de Oliveira Barros, filha do Barão de Piracicaba. Foi Deputado Estadual por São Paulo, ocupando a Secretaria de Justiça onde executou grandes feitos que o projetaram na vida pública nacional.

Quando Prefeito de São Paulo, introduziu no brasão de armas a seguinte legenda em latim que ficou famosa:

Non ducor duco – Não sou dirigido, dirijo.

Fiel e conservador à política do chamado "café com leite",

que asseguraria o retorno ao governo da república dos presidentes paulistas e mineiros, apoiou Artur Bernardes como candidato ao palácio do Catete, o qual foi eleito para o período de 1922 a 1926, tendo este governo sido marcado por várias revoltas, ameaças de explosões ao palácio do Catete, a chamada "coluna Prestes, enfim, Artur Bernardes praticamente governou em estado de sítio.

Washington Luiz exerceu o mandato de Presidente da República de 15 de novembro de 1926 a 24 de outubro de 1930, quando foi deposto pelo movimento revolucionário eclodido em vários estados do País, assumindo o governo Getúlio Vargas, que tinha sido Ministro da Fazenda do governo deposto.

Não há local e data da Iniciação de Washington Luiz, no entanto, quando foi fundada na cidade de Batatais – SP, a Loja "Philantropia II", jurisdicionada ao GOB, seu nome aparece na Carta Constitutiva como Venerável fundador – a Carta é datada de 1º de outubro de 1896.

Encerramos assim o ciclo dos Maçons Presidentes da República – período da primeira Constituição Republicana, promulgada em 24 de fevereiro de 1891, tendo o País sido regido entre o período de 15 de novembro e 24 de fevereiro de 1891, pelo Decreto nº 1 de 15.11.1889, que levou as assinaturas de Deodoro, S. Lobo, Rui Barbosa, Q. Bocaiúva, Benjamin Constant e Wandenkolk Correia, todos Maçons.

Há um fato curioso inserido nas Disposições Transitórias da Constituição de 1824. Interessante citá-lo:

> *Art. 8º – O governo federal adquirirá para a nação a casa em que faleceu o Doutor Benjamin Constant Botelho de Magalhães e nela mandará colocar uma lápide em homenagem à memória do grande patriota – o fundador da República.*
>
> *§ único. A viúva do Dr. Benjamin Constant terá, enquanto viver, o usufruto da casa mencionada.*

Vultos da Nossa Pátria (Esquecidos?) – Maçons e Não Maçons

Vulto: *Homem importante, indivíduo notável – Ex.: "Os grandes vultos das letras"...*

A) – CÂNDIDO MARIANO DA SILVA RONDON

"Morrer se necessário; matar nunca" – era esta a norma de procedimento adotada pelo Marechal Rondon, como "política indigenista", ao longo de toda a sua vida percorrida para o desenvolvimento do Brasil.

Militar e Sertanista, ascendência indígena, Rondon nasceu no dia 5 de maio de 1865, na sesmaria do Morro Redondo, município de Mimoso, Província de Mato Grosso.

Foi batizado apenas como Cândido Mariano da Silva, e, mais tarde, para homenagear seu tio, Manuel Rodrigues da Silva Rondon, que muito o ajudara no início de sua carreira, acrescentou o sobrenome de Rondon.

O Sertanista muito cedo ficou órfão, nem mesmo conhecendo seu pai que falecera pouco antes do seu nascimento, e sua mãe falecera ainda muito jovem, tendo por isso sido criado por um avô.

Incentivado e auxiliado pelo tio Manuel, teve oportunidade de frequentar uma escola em Cuiabá, oportunidade muito rara naquela região pela pobreza reinante entre seus habitantes.

Aos 17 anos, dedicado que era aos estudos, formou-se professor primário, entretanto, Rondon tinha outras ambições em progredir na vida. A região, na época, não oferecia nenhuma oportunidade para que ele prosseguisse seus estudos, seu tio não tinha condições de mandá-lo para a capital do Império, o grande centro cultural do Brasil naquele tempo.

Havia uma única solução para que Rondon – *sentar praça* (incorporação ao Exército Brasileiro), no 3º Regimento de Artilharia a Cavalo de Cuiabá – era o início de seus sonhos.

Pouco depois conseguiu sua transferência para o Rio de Janeiro, sendo classificado no 2º Regimento de Artilharia de Campanha; já na capital do Império, prestou os exames de admissão para a Escola Militar e logrou obter aprovação, sendo matriculado no curso preparatório, onde concluiu com distinção um ano mais tarde, tornando-se então alferes-aluno.

Dado o excelente aproveitamento que demonstrou durante o curso, seus superiores o encaminharam para a recém-criada Escola Superior de Guerra, onde teve como professor o **Maçom** Benjamim Constant, líder republicano e adepto da teoria positivista, doutrina criada pelo francês Augusto Comte, que mais tarde ele concebeu como uma nova religião da humanidade, pela qual, influenciado pelo seu mestre, aderisse às ideias inflamadas e expostas por Benjamim Constant, inclusive as do ideal republicano.

O núcleo inicial da "rebelião" republicana teve como ponto de partida os alunos da Escola Superior de Guerra e que serviu de guarda ao **Maçom** Marechal Deodoro, quando este se insurgiu contra o governo do visconde de Ouro Preto.

Proclamada a República, Rondon foi designado ajudante do **Maçom**, major Gomes Carneiro (Antonio Ernesto Gomes Carneiro, mineiro de Serro), chefe da Comissão Construtora de Linhas Telegráficas, criada nos derradeiros dias do império, cuja finalidade era estender fios de telégrafo pelas regiões mais distantes do nosso território, procurando eliminar o quase completo isolamento de determinados rincões do País.

Dizem os historiadores que três fatores foram fundamentais para que Rondon fosse incluído na comissão citada: – o fato de ser ele mato-grossense, sua ascendência indígena e o seu ótimo aproveitamento como aluno.

De regresso ao seu torrão natal, após um estágio no Observatório Nacional do Rio de Janeiro, onde obteve conhecimentos de Geografia e Astronomia, iniciava-se a carreira gloriosa daquele menino pobre, que algum tempo depois alçava o mais alto posto da hierarquia militar brasileira – o Posto de Marechal.

Integrado na Comissão, foi designado por Gomes Carneiro para chefiar um *piquete* (destacamento composto de um grupo de militares para cumprir uma determinada missão de cunho imprevisto), de vinte soldados para efetuar levantamentos topográficos da área a ser percorrida.

Após um ano de enfrentamento à selva desconhecida, habitada por tribos não pacificadas, a comissão percorreu cerca de 600 quilômetros, dando por satisfatórios os trabalhos concluídos.

O sangue indígena que corria nas veias daquele sertanista, primeiro-tenente mato-grossense, tornaria seu destino plantado naquele sertão brutal e inexplorado.

No final de 1891, Rondon regressa ao Rio de Janeiro, e, por indicação de Benjamim Constant, assume o cargo de professor da Escola Militar, cuja carreira é efêmera, pois Gomes Carneiro o nomeia para chefiar o Distrito Telegráfico de Mato Grosso, para onde se desloca em companhia de sua jovem esposa. Em Cuiabá permaneceu fiscalizando, sempre *in loco*, novas instalações, bem como a conservação das até então já instaladas pela Comissão.

Nesta missão, foi promovido ao posto de Capitão, tornando-se famoso pela sua exigência disciplinar (no adágio entre nós militares é usual o termo "Caxias"), da qual não abria mão, considerando que o trabalho era sempre penoso e árduo, e a maioria dos soldados era, além de preguiçosa, indisciplinada.

Começaram a surgir os primeiros contatos com os índios, o que evidenciava sua índole de pacificador e atitudes firmes e enérgicas, sempre em defesa dos direitos dos índios, o que lhe valeu a estima e respeito dos selvagens, muitos dos quais tidos como ferozes, por defenderem suas terras cobiçadas pelo homem branco.

Em 1903, Rondon foi promovido a major de Engenharia, continuando a chefiar o Distrito Telegráfico, cujas extensões já tinham sido ampliadas consideravelmente, chegando sua fama ao conhecimento do Presidente Afonso Pena (um dos poucos não Maçom), que lhe incumbiu de executar um projeto que muitos o consideravam até certo ponto temerário e até mesmo inexequível, ou seja, estabelecer ligações telegráficas entre Cuiabá e Rio Branco, capital do Acre, que consistiam atravessar milhares de quilômetros até então jamais pisados pelo homem, cujos acidentes geográficos eram totalmente desconhecidos.

A tarefa foi por demais árdua – entretanto, glórias ao Marechal Rondon – "MISSÃO CUMPRIDA!"

Por sua influência, Nilo Peçanha cria o Serviço de Proteção dos Índios.

Já Coronel, continuava sua missão em palmilhar os sertões – não era homem de gabinete. Em 1913, foi nomeado chefe da expedição que acompanhou o Ex-presidente Theodore Roosevelt, dos EUA, em uma viagem que aquele presidente realizou pelo Centro-Oeste brasileiro.

Foi responsável pela demarcação de nossas fronteiras, num total de 17.000 km. Em 1934 é reformado como General de Divisão, o mais alto posto da ativa do Exército, e, em 1955, recebe por homenagem, por proposta do Congresso Nacional a promoção ao Posto de Marechal e a denominação de Território de Rondônia, ao antigo Guaporé.

Sempre que alguém procurasse enaltecer seus feitos, com humildade declarava que as realizações se deviam *"à dedicação insuperável de uma plêiade de oficiais e civis, de soldados e trabalhadores, que foram o cérebro e o braço dos realizadores"*.

Rondon faleceu na cidade do Rio de Janeiro, em 19 de janeiro de 1958, com 92 anos. Por Decreto de nº 51.960, de 26 de abril de 1963, além de receber o título de Marechal da Paz, foi escolhido para Patrono da Arma de Comunicações do Exército Brasileiro, sendo a data de seu aniversário, 5 de maio, consagrada como *Dia Nacional das Comunicações.*

B) – MARIA QUITÉRIA DE JESUS MEDEIROS

A mulher que possuía têmpera de aço.

Conhecida apenas como Maria Quitéria, nasceu no sítio do Licorizeiro, município de Cachoeira, na então Capitania da Bahia. Era filha de um casal de lavradores bem fartos, sendo a data de seu nascimento desconhecida, apenas o ano é citado pelos historiadores, 1792.

Não possuindo irmãos, participava ativamente com seus pais nas lides da lavoura, e, como era e ainda hoje é comum na vida agreste do sertão nordestino, a caça com arma de fogo para sustento de famílias, Maria Quitéria aprendeu a manejar tais armas. Tomava por vezes a iniciativa das atividades da família, o que na época não era tão usual para uma mulher.

Quando D. Pedro lançou o grito de Independência ou Morte, em alguns pontos do território nacional insurgiram focos de resistência contra o novo império que ora surgia, e o principal foco contrário à Independência se instalara na Bahia, onde o brigadeiro português Madeira de Melo contava com tropas corajosas, apoiadas pelos poderosos comerciantes locais.

O governo constituído não possuía tropas suficientes para combater e expulsar os que não concordavam com a Independência, teve que recorrer ao voluntariado de civis.

Assim emissários passaram a percorrer as localidades e fazendas baianas, com a finalidade de recrutar soldados para combater contra os portugueses.

A fazenda do pai de Maria Quitéria foi visitada pelos recrutadores, no que foram informados pelo velho pai Gonçalo de Medeiros de que não possuía filhos e a missão daqueles ficava assim prejudicada.

Quitéria insistia com seu pai o desejo de alistar-se, ainda que mulher, para combater em prol da liberdade da Pátria, entretanto, o pai em hipótese alguma consentia.

Auxiliada por uma irmã casada, obteve algumas roupas masculinas e, as vestindo, disfarçada de homem, fugiu de casa, alistando-se no Batalhão de Artilharia de Cachoeira, tornando-se, a partir de então, ***soldado Medeiros.***

Seu pai, não demorou muitos dias, descobriu o paradeiro da filha, contudo, de nada valeram as solicitações ou até ameaças, tendo o soldado Medeiros recebido até mesmo o apoio do Comandante das tropas do Batalhão de Cachoeira, considerando que “ele” vinha desempenhando as funções militares satisfatoriamente.

Dias depois, foi o soldado transferido para a Infantaria de um Batalhão de Caçadores, cuja denominação tinha a alcunha de Periquitos, devido a gola e os punhos de suas túnicas serem da cor verde.

Após combates, em certos momentos até violentos, em julho de 1823, as tropas brasileiras, com destaque para o Batalhão dos Periquitos, cercaram por terra e mar as tropas portuguesas, obtendo sua rendição final.

O “soldado Medeiros” participou de toda a luta, sempre

nas primeiras fileiras de seu Batalhão, tendo seu nome se tornado célebre entre os patriotas da Bahia, como símbolo das virtudes da mulher brasileira.

A vida da caserna em nada prejudicou a feminilidade nem mesmo a sensibilidade da mulher heroína, pois sobre as calças do uniforme masculina, Quitéria usava um tipo de saiote, confeccionado com o mesmo pano das calças.

Com este uniforme, em agosto de 1823, Maria Quitéria (o soldado Medeiros) chegava ao Rio de Janeiro, com a missão precípua de comunicar ao Imperador a expulsão dos portugueses da Bahia.

D. Pedro a recebeu e a condecorou com a *Imperial Ordem do Cruzeiro*, e a promoveu ao posto de Alferes, posto este equivalente ao de Segundo Tenente, por ato de bravura, tendo em vista que se distinguira em ocasiões as mais arriscadas e sempre se portara heroicamente.

De regresso à sua Bahia, Maria Quitéria retornou à vida rural, tendo casado pela segunda vez – seu primeiro marido morreu durante a guerra pela Independência – dedicando-se ao meio familiar, como esposa e mãe.

A morte do pai e em seguida de seu marido, deixaram-na totalmente desamparada, tendo seus últimos anos passado na pobreza, e, pior ainda, foi atacada de cegueira, morrendo no dia 21 de agosto de 1853, na cidade de Feira de Santana – Bahia, totalmente esquecida por seus correligionários e contemporâneos.

Mas a História registra o nome desta corajosa mulher baiana, mais valente do que muitos homens, fazendo-lhe justiça, pois ela rompeu, na época, as barreiras que o meio impunha às mulheres, e soube atender ao chamado da Pátria. A sua dignidade com que se impôs no rude meio militar e seu comportamento como mulher, merece todo o nosso respeito – ela honrou o Brasil, como seu soldado – **O nosso muito obrigado, Soldado Medeiros!**

C) – ALMIRANTE TAMANDARÉ (PATRONO DA MARINHA BRASILEIRA)

Majestade, esse jovem será um dia o Nelson brasileiro.

Patrono da Marinha do Brasil, Joaquim Marques Lisboa nasceu no dia 13 de dezembro de 1807, na vila de São José do Norte, na Capitania de São Pedro do Rio Grande do Sul, hoje cidade do Rio Grande – RS. Seu pai Francisco Marques Lisboa, Capitão de milícias, fora nomeado para o cargo de patrão-mor do porto de Rio Grande. Joaquim foi sucessivamente Barão, Visconde e Marquês de Tamandaré.

É curioso esclarecer o significado do apelido Tamandaré dado ao então Marquês (coincidentemente o título foi apenas acrescentado ao seu sobrenome com o acento circunflexo – marques/marquês). Tal apelido surgiu após ter ele comandado uma flotilha que conduziu o Imperador e sua esposa em uma visita às províncias do Norte, quando o Imperador lhe concedeu o título de Marquês de Tamandaré, ou o Noé dos índios.

Trata-se de "personagem mitológico dos índios tupinambás, tido como filho de Sumé. Segundo a lenda, fez brotar uma fonte, que impetuosamente invadiu os vales e cobriu toda a terra, até as montanhas. Tamandaré salvou-se, com sua esposa, subindo ao cume de uma palmeira; seu Irmão Aricute, com sua esposa, subiu num jenipapeiro. As árvores lhes forneceram alimento até baixarem as águas. Depois desceram, separaram-se. Tamandaré fundou a raça dos tupinambás e Aricute a dos Tominis. Segundo Batista Caetano, o nome Tamandaré vem de *tab-moi-nda-ré*, que significa: aquele que fundou o povo" (cf. "Larousse Cultural" – pág. 5.572).

Contando apenas 17 anos (*idade em que me apresentei como voluntário ao Exército Brasileiro*), alistou-se na Marinha Brasileira, cuja organização estava sendo iniciada pelo Imperador, com a finalidade de combater as forças portuguesas.

As embarcações de guerra que se encontravam ancoradas em águas brasileiras, e tendo sido proclamada a Independência, foram, na sua maioria, confiscadas pelo Imperador, facilitando assim a formação de uma esquadra, apta a combater os portugueses.

Foi o jovem designado para servir no navio "Niterói", cujo comandante era um Almirante inglês, Taylor, que perseguiu os barcos portugueses até a entrada do rio Tejo, em Portugal. De regresso, foi apresentado a um outro almirante inglês, Lord Cochrane, que o levou à presença de D. Pedro I, por ter o praticante de piloto Lisboa (assim era o seu nome de guerra), durante todo trajeto das operações de vigilância dos barcos portugueses na sua retirada rumo à Europa, demonstrado sua eficiência, disciplina e sobretudo coragem, o que de fato impressionou o almirante inglês que assim profetizou ao Imperador: *"Majestade, esse jovem será um dia o Nelson brasileiro!"*.

Por sua atuação de destaque durante a denominada "*guerra da independência*", e por recomendação do almirante inglês, foi Lisboa matriculado na Academia de Marinha.

Eclodira a "*Confederação do Equador*", pouco mais de seis meses após sua matrícula na Academia de Marinha, o então guarda--marinha Lisboa recebeu ordens para embarcar rumo ao nordeste brasileiro para combater os rebeldes. Mais uma vez, demonstrando sua coragem, disciplina e sobretudo dedicação aos interesses do Imperador, foi promovido ao posto de segundo-tenente, antes mesmo de completar o curso acadêmico.

Como tenente participou das guerras contra a *Província Cisplatina* (Argentina), nas numerosas lutas internas no período regencial, como a "*Setembrada*", na cidade de Recife, em Belém, a "*Cabanagem*", e, já como Capitão, a denominada "*Sabinada*", na Bahia.

Terminada a luta baiana, Capitão Lisboa é destacado para o Sul, para combater os rebeldes "*Farroupilhas*". Em 1839, foi enviado para o Maranhão, onde a revolução chamada"*Balaiada*" estava em pleno fervor.

Após desempenhar diversos comandos, quer diretamente ligados a revoltas ou guerras, quer em outras missões, já como Capitão de Mar e Guerra, posto equivalente ao de Coronel no Exército e Aeronáutica, foi designado para ir à Inglaterra, a fim de receber, comandar e conduzir para o Brasil a fragata D. Afonso, o primeiro navio a vapor da Marinha Brasileira. Chegando na capital pernambucana, a encontrou agitada (*Revolução Praieira*), desembarcando seus comandados, de imediato desbaratou o principal reduto dos rebeldes.

Completando sua carreira militar, dentro dos prazos legais da época, foi obtendo as promoções que hoje equivalem ao almirantado.

Em 1860, após comandar uma embarcação conduzindo o Imperador e sua esposa em visita às províncias do norte, Joaquim Marques Lisboa recebeu o título de Barão de Tamandaré. "*Ganhava assim o apelido que, mais que seu próprio nome de batismo, iria se tornar conhecido como um símbolo de dignidade, bravura e lealdade – exemplo e orgulho de nossa Marinha*".

O Almirante Tamandaré, durante os 65 anos que serviu à Pátria, combateu ainda na Batalha do Riachuelo, a tomada de *Payssandú,* e foi um defensor devoto do Imperador Pedro II, sempre negando a participar e combatendo os movimentos contra o monarca. Já com a idade bem avançada, a derrubada da monarquia em 15 de novembro de 1889, desgostou profundamente Tamandaré, entretanto, alguns amigos estavam dispostos a reprimir a derrocada do império, no que foi aconselhado por Tamandaré, que assim se expressou:

> *O que está feito, está feito; cuidemos de trabalhar e engrandecer a nossa Pátria.*

D) – CASTRO ALVES – MAÇOM (O POETA ÉPICO DOS ESCRAVOS)

Antonio Frederico de Castro Alves nasceu no dia 14 de março de 1847, em Muritiba, a sete léguas de Curralinho, hoje cidade como seu nome, Castro Alves, Bahia.

Ainda hoje, um dos poetas mais populares e talvez o mais publicado no Brasil.

Após concluir seus estudos ginasiais, matriculou-se na Faculdade de Direito na cidade de Recife; posteriormente, já em 1868, com 21 anos de idade, transferiu-se para São Paulo; mas não logrou concluir o curso jurídico, porque em novembro do mesmo ano, tendo-se ferido com um tiro no pé, quando caçava, foi necessário amputá-lo.

Desde sua ida para Pernambuco, começou a aparecer na Faculdade como orador exaltado, abraçando a causa abolicionista, levantando a bandeira da abolição, quando nenhum partido havia se manifestado publicamente, e já se mostra sensível aos ideais republicanos.

Como aconteceu com vários poetas, escritores, artistas brasileiros, Castro Alves também foi vítima da doença pulmonar, na época tida como incurável. Mesmo assim, continuava o poeta social, liberal e abolicionista a escrever seus versos, principalmente os dedicados aos escravos, como os poemas "Navio Negreiro e Vozes d'África". Retornando à Bahia, um ano antes de sua morte, teria o poeta sua consagração definitiva, quando foi publicado "Espumas Flutuantes", único texto teatral do poeta.

Seu livro sob o título "Os Escravos", segundo José de Alencar e Machado de Assis, o "volume mais ambicioso do poeta", ficou inconcluso.

Em 6 de julho de 1871, com apenas 24 anos de idade, morria em Salvador – BA, "o mais aplaudido entre os românticos da terceira geração. Pelo número de suas edições, pelo interesse que despertou na crítica e no público em geral, é um dos poetas de maior popularidade no Brasil" (cf. "Enc. Mirador", pág. 2.157).

Auriverde pendão da minha terra,
Que a brisa do Brasil beija e balança,
Estandarte que a luz do sol encerra,
E as promessas divinas da esperança...
Tu, que da Liberdade após a guerra
Fostes hasteado dos heróis na lança
Antes te houvessem roto na batalha,
Que servires a um povo de mortalha!...

Nota: Kurt Prober, em seu Catálogo de Selos de Maçons Brasileiros (1984), ao estampar o Selo emitido pela então ECT, em 14.3.1947, comemorativo do Centenário do Nascimento de Castro Alves (pág. 20), assim publica:

Afirma-se que ele tenha sido Iniciado em São Paulo, provavelmente na Loja "Amizade", mas nada pode ser comprovado até a data presente, por ter sido propositadamente inutilizado o arquivo daquela Oficina, ao ser roubado todo o seu patrimônio em 1953.

E) – FREI CANECA – MAÇOM (O IDEÓLOGO DA CONFEDERAÇÃO DO EQUADOR)

Político, professor, escritor, jornalista e orador brasileiro, Maçom, frei Joaquim do Amor Divino Rebelo Caneca nasceu em Recife, não se sabe exatamente o dia, entretanto, consta ser em julho de 1779, sendo fuzilado, na mesma cidade, no dia 13 de janeiro de 1825. Filho de um tanoeiro (fabricante e consertador de tonéis, donde adveio o alcunha Caneca) português, pobre de origem, com seu próprio esforço e inteligência, conseguiu educar-se.

Por volta de 1795 entrou para o Convento do Carmo, em Recife, onde ordenou-se.

Ainda como seminarista, se distinguiu nas disciplinas de retórica e geometria, indo para Alagoas lecionar as ditas matérias.

Retornando a Recife, já influenciado pelo liberalismo revolucionário ocorrido na França em 1789, passou a frequentar o grupo denominado Academia Paraíso, centro de estudos de divulgação doutrinária, talvez filiado à Maçonaria.

Participou ativamente do movimento revolucionário pernambucano de 1817, sendo processado e deportado preso para a Bahia, onde permaneceu até 1821.

De regresso a Pernambuco, dedicou-se ao ensino da geometria, retórica e filosofia, mas sempre apoiando a luta pela independência e, em 1823, fundou o periódico "*Tyfis Pernambucano*", pelo qual os líderes pernambucanos lançaram um manifesto rompendo com o Império, por não concordar com a Constituição vigente, tendo Frei Caneca pronunciado um discurso violento, salientando a importância de uma Constituição que deveria impedir o poder imperial de realizar arbitrariedades, e, em 1824, quando D. Pedro dissolveu a Assembleia Constituinte e outorgou uma nova Constituição, os revoltosos, encabeçados por Frei Caneca, lançam novo manifesto e anunciam a formação de uma República, a "Confederação do Equador".

O movimento contra o império obteve apoio de setores da Paraíba, Rio Grande do Norte e Ceará, mas não logrou êxito nos demais estados do norte, como esperavam os revoltosos.

Derrotados pela repressão legalista, começou a dissipar o movimento no seu centro principal, Pernambuco, tendo Frei Caneca fugido para o Ceará, onde pouco depois foi preso, juntamente com outros revoltosos, sendo quatro deles enforcados.

Frei Caneca é mandado novamente para a prisão em Salvador, onde permanece até 1825, quando, condenado à forca, por uma comissão militar, é transportado para Recife.

A pena de enforcamento foi substituída pela de fuzilamento,

diante das dificuldades em encontrar quem o executasse, uma vez que nenhum carrasco aceitou enforcá-lo.

Encontramos em uma obra cultural, trecho que define comentários sobre as críticas feitas ao Imperador por Frei Caneca:

> *A Análise da obra de Frei Caneca denota a coerência de suas críticas à constituição outorgada pelo imperador D. Pedro I em 1824. Dominado pela ideologia liberal, tentou conciliá-la com os interesses escravistas, que defendeu nas "Cartas de Pítia de Damão", e com sua posição de representante da Igreja Católica, que se expressa na lógica deísta de seus escritos (cf. "Enc. Mirador" – pág. 2.003).*

Nota: Não foi possível, mesmo pesquisando, ter conhecimento da Iniciação Maçônica de Frei Caneca. Alguns autores citam até mesmo obras maçônicas de Frei Caneca, como é o caso do Irmão Morivalde Calvet, em seu livro "Subsídios para a História da Literatura Maçônica Brasileira (Século XIX)", onde às páginas 27, transcreve frase de Frei Caneca:

> *Todas as coisas em que não entram a régua (no caso, o esquadro) e o compasso, são descompassadas, são monstruosas.*

E, no "O Livro dos Dias", uma agenda ilustrada, editada anualmente sob a direção do meu grande Irmão e amigo João Guilherme Ribeiro, no dia 13 de janeiro está assim gravado: "Fuzilado Frei Caneca (∴), mártir pernambucano (1825)". Na relação das Abreviaturas (∴), depois do nome, indica um Maçom.

F) – BENJAMIN CONSTANT – MAÇOM (FUNDADOR DA REPÚBLICA)

Benjamin Constant Botelho de Magalhães, também cognominado "Fundador da república". É possível que seu pai, primeiro tenente, tenha sido influenciado pelo escritor e político francês Henri

Benjamin Constant de Rebecque, para dar a seu primogênito o nome de Benjamin Constant. É o que suponho...

Seu pai faleceu quando Benjamin tinha apenas 10 anos de idade, de família modesta, conseguiu sua admissão numa escola de frades beneditinos e posteriormente ingressou na Escola Militar, demonstrando grande interesse pelos estudos matemáticos do que propriamente das matérias militares.

Como primeiro-tenente, matriculou-se na Escola Central onde bacharelou-se em ciências físicas e matemáticas.

Requereu licença do serviço militar para estudar engenharia civil, curso que abandonou posteriormente, regressando ao serviço militar, onde concluiu o curso de engenharia militar.

Prestou vários concursos para as escolas públicas, e em todos eles obteve sempre o primeiro lugar, o que o levou a ser preterido nas promoções.

Lecionava matemática aos candidatos a diversos cursos, principalmente os cursos superiores do império, sem nada receber.

Exerceu, por nomeação, o cargo de lente de matemática do Instituto dos Meninos Cegos, onde mais tarde tornou-se diretor.

Seu maior desejo era efetivamente a educação; por várias vezes tentou por uma reforma do ensino, afastando-se sempre da política.

Promovido a Capitão, foi mandado para o sul do País, onde distinguiu-se por ato de bravura na Guerra do Paraguai. Foi atacado por febres palustres, recebendo ordens superiores para regressar ao Rio de Janeiro.

Inclinado totalmente a dedicar-se ao magistério, voltou a requerer dispensa do Exército, obtendo, entretanto, tão somente uma licença por prazo determinado.

De regresso ao meio militar, foi nomeado professor de geometria da Escola Militar, onde, a seguir, foi promovido a Major.

Por ocasião de uma formatura na Escola Militar, com a

presença de D. Pedro I, Benjamin declarou-se, publicamente, adepto ao Positivismo de Augusto Comte, "não pela sua ortodoxia, mas pelas concepções científicas".

Benjamin Constant era, sem nenhuma dúvida, um homem muito mais voltado para ideias avançadas do que ações tidas como inócuas, e resolveu partir para a linha de frente, para a ofensiva.

Seus ideais definitivamente não coadunavam com a monarquia e resolveu procurar meios para liquidá-la e instaurar a República.

Aliou-se ao Partido Republicano, cujo Chefe era Quintino Bocaiúva, onde já militavam Rui Barbosa, Demétrio Ribeiro, Saldanha Marinho, Eduardo Wandenkolk, entre outros; entrou em contato com oficiais do Exército e da Marinha, e os planos foram elaborados para a derrubada do império e pôr em prática tudo o que vinha pregando em salas de aula: reforma do ensino, casamento civil, separação entre a Igreja e Estado.

No dia 10 de novembro de 1889, numa reunião na casa de Benjamin Constant, presentes, entre outros Maçons, Francisco Glicério e Campos Sales, ficou decidido a queda do Império no dia 20 de novembro. A dificuldade maior para uma decisão definitiva, era o grande afeto que o Ministro da Guerra, Marechal Deodoro, dispensava ao Imperador.

Tudo preparado, no maior sigilo, quer nos meios militares ou nas rodas republicanas, aguardavam com ansiedade a data aprazada, eis que, nos dias 13 e 14, receando os revoltosos com a circulação de boatos de que o Imperador ordenara a prisão de Deodoro, resolveram antecipar o levante, começando as tropas a sua movimentação na madrugada do dia 15, e sob o poder de persuasão de Benjamin Constant e de outros correligionários, coube a decisão final a Deodoro, que, convencido pelos companheiros, assumiu o Comando das tropas, e alertado ainda por Benjamin o perigo que iriam correr dali em diante, caso não deflagrassem o intento, é proclamada a República no Brasil, sem derramamento de sangue.

Não só Kurt Prober, mas também Castellani, declaram que:

> *Embora inexista documentação, é praticamente certo que tenha sido Maçom Benjamin Constant, e que tenha pertencido à facção dissidente do Grande Oriente do Brasil, liderada por Saldanha Marinho.*

Estabelecida a república, Marechal Deodoro assumira o Poder, como Chefe do Governo Provisório, constituindo seu Ministério só com Maçons ilustres:

Quintino Bocaiúva ....Ministro dos Transportes
Aristides Lobo.......................Ministro do Interior
Benjamin Constant................Ministro da Guerra
Rui Barbosa ....Ministro da Fazenda
Campos Sales........................Ministro da Justiça
Eduardo Wandenkolk ....Ministro da Marinha
Demétrio Ribeiro ....Ministro da Agricultura

Algumas homenagens póstumas foram sugeridas para perpetuar os feitos deste grande vulto Maçom e brasileiro, destacando-se entre eles o levantamento de um monumento na Praça da República, a denominação de "Benjamin Constant" para o Instituto dos Meninos Cegos, ambos no Rio de Janeiro, além da proposta feita por Demétrio Ribeiro ao Congresso Nacional outorgando-lhe o título de "Fundador da República Brasileira.

O Congresso Nacional ainda lhe homenageou, através de uma indicação aprovada por unanimidade, sem debates, o que se segue:

> *É conservado no Almanaque do Exército em virtude da Resolução do Congresso Nacional: "Para celebrar o 7, dia do passamento do Benemérito Patriarca Fundador da República Brasileira, Dr. Benjamin Constant, propomos se indique ao Governo Provisório, como justa homenagem ao Patriota General*

cidadão, que seja perpetuamente conservado no Almanaque Militar, no lugar que lhe competia entre os Generais de Brigada, o seu nome imortal, de sorte a, moralmente, não ser preenchida sua vaga". – Sala das Sessões, 28 de janeiro de 1891, 3 da República. Assinados: Floriano Peixoto, Quintino Bocaiúva e todos os integrantes do Congresso Nacional.

Para os não militares, o Almanaque do Exército é uma publicação anual, encadernada, onde constam nominalmente todos os Oficiais da Ativa, do mais antigo General de Exército ao último Aspirante. Excetuando-se os Generais, as relações dos oficiais são dispostas hierarquicamente, dentro de cada arma e serviço, pelo critério de Antiguidade, constando individualmente: data de praça, nascimento, identidade, cursos, cadastro pessoal, condecorações e datas de promoções, todas estas informações indicadas por abreviaturas.

No caso específico de Benjamim Constant, consta na relação dos Generais de Brigada com o "número sete", entre os números 6 e 7A; eis alguns tópicos da sua vida militar:

Generais de Brigada:

7 – BENJAMIN CONSTANT BOTELHO DE MAGALHÃES – N18out33 P1abr52 Alferesaluno14abr55 T2dez70 Cap12jan66 M22jul75 TCGR30mai GBda15jan90 por aclamação, falecido em22jan91 Medalha Comemorativa da Terminação da Guerra do Paraguai, Medalha da Campanha do Paraguai concedida pela Argentina EngMilReg60 1 ano EngCivilReg65 Bacharel em Matemática e Ciências Físicas.

G) – OLAVO BILAC (O PRÍNCIPE DOS POETAS– PATRONO DO SERVIÇO MILITAR)

Olavo Brás Martins dos Guimarães Bilac nasceu na cidade do Rio de Janeiro a 16 de dezembro de 1865, e faleceu a 28 de dezembro de 1918. Aos 12 anos, quando cursava o colegial, já fazia versos. Iniciou estudos de medicina, no Rio de Janeiro, e de direito, em São Paulo, mas não completou nenhum desses cursos, mas, em São Paulo, se empolgou pelo espírito acadêmico de então, a favor da abolição dos escravos.

De regresso ao Rio de Janeiro, passou a colaborar com certa regularidade na imprensa, onde pôde defender a abolição com veemência.

Teve oportunidade de trabalhar em vários jornais e revistas, nos quais sempre publicava suas poesias, até que José do Patrocínio arranjou-lhe um lugar de correspondente do "A Cidade do Rio", em Paris, para onde viajou por volta de 1890, regressando um ano depois.

Teve oportunidade de publicar seu primeiro volume de poesias, composto de "Panóplias, Via-Láctea e Sarças de Fogo", revelando seus dons ardentes.

Em 1892, participou ativamente na campanha contra o governo de Floriano Peixoto, perdendo com tal atitude o seu cargo que exercia na Secretaria do Interior do Estado do Rio, sendo, em consequência, preso, e mandado para a cidade de Ouro Preto, no Estado de Minas Gerais.

Foi beneficiado pela anistia, regressando ao Rio, onde trabalhou como Secretário da Terceira Conferência Pan-Americana em 1906, e foi delegado, em 1910, do Congresso Pan-Americano, em Buenos Aires.

Em seus artigos publicados na imprensa, sempre defendeu campanhas cívicas de cunho nacional, sendo a principal a da obrigatoriedade do Serviço Militar, o que lhe resultou fosse estabelecido o dia 16 de dezembro (data de seu falecimento), Dia do Reservista, e Patrono do Serviço Militar.

Membro fundador da Academia Brasileira de Letras, onde ocupou a cadeira de nº 15, que tem como patrono Gonçalves Dias.

Foi o autor do "Hino à Bandeira", até a presente data, não

oficializado e cantado apenas por tradição, comprovado pela pesquisa feita por mim, quando presidia a A.∴ R.∴ L.∴ M.∴ "Fraternidade Brazileira" de Estudos e Pesquisas", cujo processo comprobatório remetido à Presidência da República, propondo sua oficialização, durante o governo Itamar Franco, deve ter sido lançado na "lata do lixo".

H) – QUINTINO BOCAIÚVA – MAÇOM (PATRIARCA DA REPÚBLICA)

Quintino Antonio Ferreira de Souza, que se tornaria conhecido como Quintino Bocaiúva, quando ainda estudante de direito e já filiado ao Partido Republicano, Quintino colaborou no jornal acadêmico "Acaiaba", quando adotou o pseudônimo de Bocaiúva (nome de um tipo de palmeira).

Por falta de recursos teve que abandonar o curso de direito. Adepto das ideias republicanas, trabalhou em vários jornais, sendo redator do "Manifesto Republicano" que propugnava o advento da república pela "evolução" e não pela "revolução".

Sempre foi agressivo nos seus discursos contra a monarquia, pertencentes, segundo afirmativa transcrita, pertencia ao grupo Maçom dos propagandistas, contrário ao positivismo, sendo o único civil a desfilar, ao lado do marechal Deodoro da Fonseca e Benjamin Constant, com as tropas que se dirigiram ao quartel general na manhã de 15 de novembro.

Republicano por demais histórico, como já foi dito, militou em diversos jornais sob direção de conhecidos Maçons, como Francisco Otaviano, autor de "Ilusões Perdidas", e do também grande republicano Saldanha Marinho, redator-chefe do jornal Diário do Rio de Janeiro.

Instaurada a República, foi nomeado Ministro das Relações Exteriores, e, posteriormente, assumiu a pasta da Agricultura.

Foi eleito Senador, e exerceu a Presidência do Rio de Janeiro, tendo sido cognominado "O Patriarca da República" e "Príncipe dos Jornalistas Brasileiros".

Quintino Bocaiúva foi Iniciado Maçom em 1861, na Loja "Amizade", de São Paulo, e, em 1864, foi admitido como membro da Loja "Comércio", do Rio de Janeiro.

Biografias Diversas

Prestamos aqui uma significativa homenagem àqueles que tiveram atuação relevante em períodos e áreas diferentes, e que ajudaram a escrever a nossa história. Entre eles, citaremos líderes proeminentes, quer na política, na literatura, nas profissões liberais e até mesmo nos esportes.

ALEIJADINHO (O ARTISTA ESQUECIDO)

Antonio Francisco Lisboa, escultor, entalhador e arquiteto mineiro, nasceu em Vila Rica, atual Ouro Preto (1730/1814). Filho de um mestre de obras português e de uma escrava, seguiu a profissão do pai, também entalhador (esculpidor), principalmente em talhas para guarda de azeite.

Desde a tenra idade demonstra aptidão para a arte de esculpir, e, por volta dos 40 anos passa a ter dificuldade para andar em consequência da hanseníase, doença que deforma suas pernas e mãos.

Mesmo com limitações, continua trabalhando na construção de igrejas, capelas e altares das cidades da região do ouro de Minas Gerais – Ouro Preto, Congonhas, São João Del Rei, Tiradentes, etc.

Considerada sua obra-prima, o conjunto de esculturas ***"Os Passos da Paixão e Os Doze Profetas"***, no pátio da Igreja de Bom Jesus de Matozinhos, na cidade de Congonhas do Campo, em Minas Gerais, trabalho que reúne 66 imagens esculpidas em madeira e 12 feitas de pedra-sabão, é considerado o mais representativo trabalho do denominado barroco brasileiro, e foi eleito patrimônio da humanidade pela Unesco (Organização das Nações Unidas para a Educação, a Ciência e a Cultura).

Aqui vai uma advertência para quem conhece *de visu*, as obras monumentais de Aleijadinho, com destaque para os "Doze Profetas" que estão expostos ao relento e são esculpidas em "pedra-sabão", uma variedade de esteatita (variedade compacta de talco que se encontra em certas rochas metamórficas; pedra-sabão; saponito).

É uma pedra de cor verde ou cinza escuro, macia, e ainda hoje é usada na fabricação de determinados utensílios domésticos, como panelas, cinzeiros, estatuetas, etc.

ARI BARROSO (CRIADOR DO SAMBA-EXALTAÇÃO)

Ari ou Ary Evangelista Barroso, flamenguista "de quatro costados", era natural da cidade de Ubá, Minas Gerais (1903/1964). Em 1930, recém-formado em Direito, foi vencedor do concurso carnavalesco do ano com a marcha "Dá nela", gravação de Francisco Alves: "Essa mulher há muito tempo me provoca/Dá nela, dá nela/É perigosa, fala que nem pata choca/Dá nela, dá nela...".

Foi vencedor de vários outros concursos carnavalescos; autor de centenas de composições, destacando "No Tabuleiro da Baiana", "No Rancho Fundo", "Risque", "Na Baixa do Sapateiro", sendo "Aquarela do Brasil" talvez a de maior sucesso, no Brasil e no exterior, gravada e até hoje regravada, tendo sido em 1977, eleita a canção mais importante da música popular do País nos últimos 100 anos.

Ari Barroso foi criador do programa "A Hora do Calouro", na então Rádio Nacional – Praça Mauá, Rio de Janeiro, líder de audiência aos domingos, programa que revelou diversos talentos, como Dolores Duran, nosso Irmão Luiz Gonzaga e tantos outros cantores e cantoras.

Foi locutor esportivo, e ao anunciar "gol", tocava uma gaita de boca, ficando conhecido como "o homem da gaita".

DOM HÉLDER CÂMARA (O ARCEBISPO ESQUERDISTA?)

Hélder Pessoa Câmara, cearense de Fortaleza, ordenou-se padre em sua cidade natal em 1931. Já nessa época demonstrava sua posição radical avançada com tendência esquerdista, filiando-se ao movimento integralista (Ação Integralista Brasileira – AIB), movimento de inspiração fascista, fundado no ano de 1932, por Plínio Salgado, e mais tarde transformado em Partido Político. A AIB, de início, apresentava-se com duas tendências: uma maioria fascista e outra, minoria, monarquista.

Definia como seus princípios inimigos do liberalismo, capitalismo internacional, o socialismo e o judaísmo, exigindo de seus adeptos submissão e fidelidade completa de seus militantes.

Transfere-se, mais tarde, para o Rio de Janeiro onde incentiva programas educacionais, criando a Ação Católica, dedicada à atuação pastoral para a população carente. Foi um dos idealizadores da CNBB, cuja atuação da Igreja, até então omissa, passa a incluir em suas atividades os problemas da desigualdade social.

Em 1966, em pleno regime militar, recusou-se a celebrar missa comemorativa ao movimento de 1964, sendo acusado por determinado grupo militar de "esquerdista".

Dom Hélder, em 1974, recebeu o prêmio Popular da Paz, na Noruega. Foi autor de várias obras e defensor implacável da implantação de um sistema político capaz de pôr fim às estruturas sociais injustas.

CARLOS CHAGAS (O DESCOBRIDOR DE "*O BARBEIRO*")

Carlos Ribeiro Justiniano das Chagas, natural da cidade de

Oliveira, Minas Gerais, foi o responsável pelo desenvolvimento do processo de contágio e evolução de duas das mais graves moléstias, tidas como tropicais: a malária e a que ficou conhecida como *doença de Chagas*, assim descrita:

> *Parasitose grave encontrada basicamente como endemia nas Américas Central e Sul, devido a um protozoário flagelado, o Tripanosoma cruzi, transmitido ao homem por artrópodes da família dos reduviídeos (os barbeiros), com várias espécies. Em sua crônica o parasita se instala num dos órgãos internos (geralmente o coração) e passa a destruir progressivamente suas estruturas nervosas. Não há tratamento curativo para a doença* (cf. "Larousse", pág. 1.320).

Carlos Chagas foi diretor do Instituto Bacteriológico Osvaldo Cruz, no Rio, largamente conhecido pelo desenvolvimento científico que presta ao País, tendo por volta de 1905 chefiado missão destinada a combater uma epidemia de malária que se alastrava na cidade de Santos – SP, e ali descobre e identifica que a transmissão da doença é feita por um mosquito.

Volta ao Instituto Osvaldo Cruz e inicia o desenvolvimento de métodos para o tratamento e a erradicação dessas doenças, o que lhe vale o reconhecimento internacional.

PADRE CÍCERO (PADIM CIÇO)

Cícero Romão Batista, líder religioso cearense (1844/1934), natural da cidade de Crato. Após sua ordenação sacerdotal é mandado para a cidade de Juazeiro do Norte – CE, onde, por sua atuação para com os mais necessitados, é alvo de veneração dos fiéis e motivo de desconfiança por parte do clero na época em que vive. Ganhou fama como padre milagreiro, por volta de 1886, onde surgiu a lenda de que uma hóstia por ele consagrada sangrara na boca de um fiel.

Tal fato chega ao conhecimento das autoridades eclesiásticas que imediatamente o proíbem de exercer o sacerdócio sob a acusação de mistificação, fanatismo religioso e até mesmo heresia.

Os fiéis se reúnem e conseguem angariar fundos para que ele viaje para Roma (Vaticano), e consegue ser absolvido pelo Papa Leão XIII, porém, continua proibido de rezar missas.

De regresso a Juazeiro do Norte, isto em 1898, começa a abençoar as multidões de fiéis, vindos das cidades vizinhas, que o procuram, formando verdadeiras romarias.

Entra para a política e elege-se prefeito da cidade, permanecendo no cargo, com eleições sucessivas por quinze anos. Foi ainda vice-presidente do Estado do Ceará (na época era presidente e não governador), e posteriormente deputado federal, cargo este que desistiu de assumir.

Durante a grande seca de 1877/78, o nome do Padre Cícero tornou-se conhecido em todo o sertão, principalmente o cearense: os flagelados corriam em busca de socorro, sabedores que o padre daria ajuda e abrigo, e, por esta razão, o povo lhe atribuía como um sacerdote milagroso.

Não se importou muito com a proibição de não mais celebrar ofício religioso, o povo o aclamava em praça pública e Padre Cícero continuava a rezar missa. Os peregrinos formavam uma espécie de guarda pessoal, e com isto continuava a aconselhar os fiéis, punindo roubos, resolvendo brigas e liderando um grupo cada vez maior de jagunços (nome que se dava aos rebeldes fanáticos que o obedeciam), que lutou contra as tropas enviadas pelo Presidente do Estado do Ceará para pôr ordem na cidade agitada, tropa esta que foi rechaçada pelo verdadeiro exército do padre, o que culminou com intervenção federal no Estado.

Amainada a revolta, o Padre continua sua pregação até sua morte, tendo seus adeptos mandado erguer uma estátua de "corpo inteiro", e, segundo consta, é um pouco menor do que a do Corcovado no Rio de Janeiro, em respeito ao Cristo.

Até hoje verdadeira multidão, não só do nordeste, é atraída para visitar sua estátua, tido como um Santo Milagreiro.

ANTONIO CONSELHEIRO (HERÓI DE CANUDOS?)

Antonio Vicente Mendes Maciel, dito Antonio Conselheiro, nascido em Quixeramobim - CE (1828/1897), foi comerciante, caixeiro e tornou-se conhecido por advogar questões populares. A fuga de sua mulher com outro homem mudou sua vida. Passou a percorrer como errante pregador do Evangelho os sertões do Ceará, Pernambuco, Sergipe, além de trabalhar na reconstrução de igrejas, capelas e cemitérios, tendo se fixado no interior da Bahia, onde já o acompanhava um número significativo de fiéis.

Euclides da Cunha, em seu clássico da literatura "Os Sertões", o retrata, "vivendo de esmolas, cabelos crescidos até os ombros, barba oculta e longa, face escaveirada, veste longa até os pés e olhar fulgurante, a rezar terços e ladainhas e a pregar e dar conselhos às multidões que reúne"...

Em 1893, funda o arraial de Canudos, organizando o sistema de produção, baseado no trabalho coletivo, pregando, além da religiosidade popular, proclama, convoca os fiéis para o início de uma nova era: defender a monarquia, criticando a república e a Igreja Católica, recusando aceitar o pagamento de impostos autorizados pela implantação do regime republicano e rejeitando o casamento civil.

Canudos começa a ser visto pelas autoridades como um "arraial de fanáticos", mas também reduto de rebeldes monarquistas desordeiros que necessita ser eliminado, sendo enviadas pelo governo baiano duas expedições que foram rechaçadas pelos seguidores de Conselheiro.

Fracassadas as expedições estaduais, cabe ao governo federal enviar tropas do Exército, com mais de 6 mil homens, onde Canudo é totalmente destruída. É morto Antonio Conselheiro e com ele milhares de beatos, entre crianças, mulheres e velhos.

MANÉ GARRINCHA (SEU MANÉ)

Manuel Francisco dos Santos, nasceu em Pau Grande – RJ. Considerado um dos maiores jogadores de futebol internacional, iniciou sua vida profissional no Botafogo carioca, aos 19 anos de idade.

Seu apelido (Garrincha), talvez seja proveniente de suas pernas tortas e finas, parecidas com as do pequeno pássaro que tem este nome. Sua principal característica eram os dribles rápidos e desconcertantes nos adversários, aos quais denominavam de "joões", principalmente os estrangeiros, cujos nomes não sabia pronunciar.

Venceu as copas do mundo, na Suécia e no Chile, disputando 60 jogos pela nossa seleção, marcando ao todo 17 gols.

Sua ligação com uma grande sambista, por quem abandona mulher e filhos, causa repercussão escandalosa na sociedade brasileira.

Nos anos 70 entra em decadência, em face do alcoolismo e de contusões nos joelhos, passando a jogar em equipes pequenas no Brasil. Por sofrer cirurgias constantes, abandonou definitivamente o futebol, morrendo no dia 20 de janeiro de 1983.

LUIS GONZAGA (O LUA MAÇOM)

Compositor, sanfoneiro e cantor, Luis Gonzaga do Nascimento, nasceu na cidade de Exu, Pernambuco, em 13 de dezembro de 1912, e transportado para o Oriente celestial em 1989, em acidente de carro. Aprendeu com seu pai, o famoso Januário, a tocar sanfona, e desde cedo já animava as festas e bailes. Por volta de 1930, vai para Fortaleza, onde é incorporado no Exército, tendo sido transferido para outras regiões até que, em 1939, chega ao Rio, já como civil.

Inicia nas "hastas" cariocas a tentativa de se profissionalizar, tocando e cantando em boates de nível secundário, bares, até que chega na Rádio Nacional, a grande emissora da época, e se inscreve no programa radiofônico "Hora do Calouro", comandado por Ary Barroso.

Sua primeira apresentação torna-se sucesso, cantando "Chamego", que logo a seguir é gravado por Carmem Costa, e daí por diante as apresentações são mais constantes e aparecem "Baião de Dois", "Juazeiro", "Asa Branca", e tantas outras maravilhas do nosso cancioneiro popular.

Como Maçom, Luiz Gonzaga compôs "Acácia Amarela", tocada em várias Cerimônias da nossa Ordem. Eis a letra:

Ela é tão linda e tão bela,
Aquela Acácia Amarela,
Que a minha casa tem.

Aquela casa direita,
Que é tão justa e perfeita
Onde eu me sinto tão bem.

Sou um feliz operário
Onde aumento de salário
Não tem luta nem discórdia.

Ali o mal é submerso,
O Grande Arquiteto do Universo
É harmonia e concórdia.

Os Três Pilares de um Templo Maçônico

O costume de erigir colunas remonta há muito tempo, como testemunham os obeliscos egípcios, gregos, romanos, etc.

Na crendice dos antigos, que ignoravam a lei da gravitação, acreditavam que o mundo era sustentado por colunas misteriosas.

E foi assim que a coluna tornou-se um símbolo de *força* na mitologia, que nada mais é do que a história das divindades da antiguidade pagã.

A nossa Ordem inspirou-se nos dados bíblicos, mais precisamente no Primeiro Livro de Reis, VII, 15-22, por ocasião da construção do Templo de Salomão.

Na Maçonaria Moderna ou contemporânea, criou-se, em miniatura, com a denominação de *pilar*, apenas para diferenciar das Colunas tradicionais Jaquim e Booz, às vezes escrita Boaz.

O nome dos três pilares, sustentáculos misteriosos de nossos Templos, diz Ragon, são: Sabedoria (para inventar), Força (para dirigir) e Beleza (para adornar), sendo que cada um dos três Pilares corresponde às três Luzes da Loja: a Sabedoria, ao Venerável ou Mestre da Loja; a Força, ao 1º Vigilante; a Beleza ou a Graça, ao 2º Vigilante.

Guillemain de Saint-Victor explica que os três Pilares não

devem ser reconhecidos pelos Maçons senão no Grau de Mestre. Diz ele:

> *A razão mais simples e mais forte para tanto é que, um Aprendiz só deve conhecer a Sabedoria designada pela Coluna B; um Companheiro só deve conhecera a Sabedoria e a Força, emblema das duas Colunas; e só o Mestre deve conhecer a Beleza, isto é, o preço das coisas sublimes.*

Jules Boucher contradiz nada justificar semelhante proibição, sobretudo quando as razões alegadas procedem de uma evidente confusão entre Pilares e Colunas.

Já Leadbeater diz, com propriedade, que os três Pilares poderiam ser feitos em pedra talhadas, em granito e em mármore. Essas três matérias correspondem respectivamente às três "virtudes": Sabedoria, Força e Beleza ou Graça, representadas pelas três principais ordens de arquitetura grega: a Dórica, a Jônica e a Coríntia.

Como já frisamos, tais colunetas, ou miniaturas, são colocadas, respectivamente, nos altares das três Luzes da Loja – Venerável, 1° e 2° Vigilantes, sendo que estas duas últimas jamais devem ser erguidas simultaneamente.

A do 1° Vigilante fica em pé enquanto a Loja está trabalhando. A do 2° Vigilante deve, então, permanecer deitada, enquanto a do Venerável permanece sempre em pé.

O Manual do Maçom, de autoria do nosso saudoso Irmão Lysis Brandão da Rocha, editado em 1982, conceitua que um Templo Maçônico é sustentado por três Colunas alegóricas: o Venerável, o 1° Vigilante e o 2° Vigilante, tendo, junto ao Altar do Venerável, a estátua de Minerva. Junto ao Altar do 1° Vigilante, a estátua de Hércules, e junto ao Altar do 2° Vigilante, a de Vênus.

Minerva é a deusa da Sabedoria (*Sapientia*), Hércules, o herói deus da Força física ou Saúde (*Salus*) e Vênus, a deusa da Beleza, da Graça (*Stabilitas*) – estabilidade moral, firmeza de caráter, segurança.

Tais estátuas correspondem às Colunas Coríntia, Dórica e Jônica, já por demais indicadas nas suas representações – Venerável, 1º e 2º Vigilantes, respectivamente.

A literatura sobre as denominadas "Ordens de Arquitetura" é vastíssima e manifestada em três períodos, em cada qual predominou uma diferente ordem arquitetônica – Dórica, Jônica e Coríntia, que eram diferenciadas pelo tratamento de suas colunas e entablamentos (frisos).

A Ordem Dórica, mais simples e vigorosa que as demais, sendo que cada elemento exibe estritamente sua função, sem qualquer ornamentação, sendo a mais notável realização do período dórico, o Parthenon, de perfeitas proporções e harmoniosa relação arquitetônica.

A Ordem Jônica, mais sofisticada que a Dórica, caracteriza-se por duas volutas (ornato que dá acabamento) no capitel, e o seu refinamento. Destacada no templo de Diana, em Éfeso, templo de Apolo em Didyma e no templo de Atena, em Priene.

A Ordem Coríntia teve muito pouco desenvolvimento na Grécia e era considerada pelos gregos como uma variante da Jônica, apesar de algumas diferenças.

Nessa Ordem podemos destacar o templo de Epidauro no Olimpus; o pequeno templo de Lysicrates em Atenas, e o templo de Olympierom, também em Atenas.

Além das três Ordens de Arquitetura já bastante comentadas por nós, existem ainda mais duas consideradas importantes no conjunto harmonioso: a Toscana, considerada uma simplificação da Dórica, sendo atribuída aos Etruscos, caracteriza-se por sua base formada por um touro que repousa sobre um plinto (base) e o capitel, mais simples que o do dórico.

A Compósita ou Composta, criada pelos romanos, com o fim de obter um estilo ideal que reunisse a elegância e a graça da Jônica com a riqueza e a majestade da Coríntia.

Vamos concluindo, definindo o que vem a ser Arquitetura, esta arte que se espalhou mundo afora e que nossos irmãos no passado a usaram, com as suas sabedorias e vocações artísticas, construíram catedrais, palácios e monumentos históricos.

É a arte técnica de organizar espaços e criar ambientes formais para abrigar as atividades humanas, ou, segundo Morreux, "é a arte de construir sob o signo da beleza", e Le Corbusier, a definiu como "o jogo sábio, correto e magnífico dos volumes dispostos sob a luz", e o nosso brioso arquiteto Lúcio Costa, assim a definiu:

> *arquitetura e, antes de mais nada, construção; mas, construção concebida com o propósito primordial de ordenar o espaço para determinada finalidade e visando a determinada intenção plástica.*

O Sim e o Não

SIM – adv. (do latim – *sic*, assim) – Exprime uma afirmação, uma aprovação, um consentimento, uma permissão ou um ato de deferir. "É preciso, entretanto, que haja quem diga sim" (palavras de Creonce).

NÃO – adv. (do latim – *non*, não) – Exprime negação, sentido contrário, recusa. "...Saber pronunciar essa palavra (não) e saber viver sozinho são os dois meios únicos de se conservar a liberdade e o caráter" (Chamfort – "Máximas e Pensamentos").

Sim, a virtude, a moral, a ética, a probidade, a retidão e a austeridade.

Não, ao vício, às drogas, à depravação, à deformação e à mácula.

Sim, à dedicação voltada para o bem-estar, à abnegação e ao altruísmo.

Não, ao apego às coisas mundanas, ao egoísmo, à dissimulação.

Sim, para o homem probo, honrado, honesto e virtuoso.

Não, ao cidadão desonrado, indecoroso, indigno e afrontoso.

Sim, ao ensino e à instrução, principalmente, da nossa juventude.

Não, às taxas altíssimas de um ensino precário, frágil e até certo ponto altamente minguado.

Sim, e que ótimo seria que todos nós fôssemos iguais perante as leis e delas gozássemos de suas proteções.

Não, para a desigualdade de tratamento perante a sociedade, com restrições de raça, de religião ou de nacionalidade.

Sim, ao direito de um padrão de vida, capaz de proporcionar a todos nós e à nossa família, a saúde e o bem-estar; a alimentação sadia e condigna, aos cuidados médicos e hospitalares.

Não, ao descaso de nossas autoridades, que sobrevivem pelos tributos que nos são impostos, e que não cumprem suas vãs promessas ao assumirem os cargos públicos para os quais foram eleitos ou nomeados.

Sim, quando a política econômica governamental proporciona a livre escolha de trabalho, oferecendo emprego meritório e conveniente para assegurar condições compatíveis com a respeitabilidade humana.

Não, para a política que, nefastamente, conduz o homem ao desemprego, levando-o a uma situação de afronta e indignidade humana, sobretudo perante a sua família.

Sim, para os dirigentes da nossa Instituição Maçônica, que seguem corretamente os princípios éticos e respeitáveis de um verdadeiro Pedreiro-Livre.

Não, para os que se "apoleram" no poder e praticam o proselitismo, colocando na proscrição, verdadeiros Irmãos que divergem de suas ideias.

Sim, para os Irmãos que, afinados com os ditames da Ordem, praticam a verdadeira, sadia, sublime, fraterna e indissolúvel Maçonaria.

Não, um Não Monstruoso, para os que, renunciando aos "Landmarques", e até mesmo às "Old Charges", procuram menoscabar com mesquinhez, aqueles que, um dia, juraram tratá-los como se verdadeiros Irmãos fossem.

Sim, para aquele que trabalha com zelo, constância e regularidade na grande obra da Maçonaria, procurando sempre a verdade.

Não, para aqueles que não praticam a solidariedade humana,

que não protegem os mais fracos de espírito e que não praticam a justiça.

Sim, para os que elevam cada vez mais a sua individualidade moral, como homem e, principalmente, como Maçom.

Não, para os ineficientes, aos que não prestam serviço algum a este grande País, o nosso Brasil.

Sim, para os que praticam a maior virtude maçônica – a do amor, que nos torna fraternais e solidários para com o próximo.

Não, para os inimigos do progresso e da verdade, os fanáticos que semeiam a ignorância, pervertendo os incautos na prática de ações condenáveis.

Vamos transcrever um diálogo do Sim e do Não, de alguns tópicos do Ritual do Grau de Aprendiz do Rito Brasileiro – Parte da Instrução do Grau:

> *Venerável Mestre: – Não é nosso dever, incondicional, auxiliar qualquer Irmão, sejam quais forem as circunstâncias?*
>
> *Resposta: – De modo algum, pois ela só justifica a solidariedade para com aqueles que não desviam do Caminho da Moral e da Honra. Os Maçons não pactuam nem protegem criminosos.*
>
> *V.·. M.·.: – Que solidariedade, então, deve existir entre nós?*
>
> *Resposta: – A decorrente da mais pura fraternidade para com todos os felizes e infelizes.*
>
> *V.·. M.·.: – Não vos comprometestes, então, a defender e socorrer vossos Irmãos?*
>
> *Resposta: – Sim, Venerável Mestre, quando, porém, um Irmão, apesar dos princípios maçônicos, se desvia da moral que nos fortifica e nobilita, para tornar-se mau cidadão, mau esposo, mau pai, mau filho, mau irmão ou mau amigo, quando cego pelo ódio, pratica atos indignos de um Maçom, rompe a solidariedade que nos devia unir e, portanto, perde todos os direitos ao nosso auxílio material, ao nosso amparo moral, ao nosso apoio pessoal.*

V.·. M.·.: – Nesse caso, em que consiste a fraternidade maçônica?

Resposta: Em sermos tolerantes, em amarmos ao próximo como a nós mesmos, em muito darmos e só pedirmos com justa necessidade.

Mas, nem sempre o **NÃO** exprime oposição, negatividade e contrário, por vezes ele é enfático, em frases que nada têm de negativas, e, comprovando, vejamos José de Alencar:

> *Quem sabe, daqui a alguns anos, que importância **não** teria semelhante instituição, e que glória **não** daria ela ao nosso País?* (o destaque é nosso).
>
> *O homem verdadeiramente prudente **não** diz tudo quanto pensa mas pensa tudo.*
>
> *Não fales de tua mulher a teus amigos, nem de teus amigos a tua mulher* (Jean Rotand).
>
> *A pessoa que não lê, mal fala, mal ouve, mal vê* (Malba Tahan).

De forma idêntica, o **SIM** nem sempre é usado simplesmente para afirmar, quase sempre tem o valor confirmativo – "você vai me fazer um grande favor, *sim*, com prazer". Por várias vezes usa-se a conjugação, Sim e Não:

> *Ou por sim ou por não, amanhã ou depois, logo que ele possa montar a cavalo, hei de levá-lo para minha casa* (Bernardo).
>
> *Não é tormento a morte: mas, sim, fim de tormentos* (Salústio).
>
> *Não é triste ser velho; mas sim não ser mais jovem* (Dumas, filho).
>
> *Não é o homem que tem amigos, mas sim a sua boa sorte* (Napoleão).
>
> *Não temos que sacrificar o prazer, e sim gozá-lo corretamente* (Suamiji Sadu).

> *Não devemos sacrificar os prazeres que a vida nos oferece. Devemos sim, gozá-los corretamente* (O. Herrera).

Pelo Sim e pelo Não, encerramos este trabalho de pesquisa/ compilação, recordando que a nossa Ordem é de âmbito universal, e que propugna pelo aperfeiçoamento moral, social e até mesmo intelectual do homem, sobretudo do "homem Maçom", este Maçom, que no dizer do Mestre Raimundo Rodrigues, em seu livro "A Filosofia da Maçonaria Simbólica" (v. 3 – fls. 51, Ed. "A TROLHA"), assim se expressa:

> *O Maçom tem que ser austero,* ***sim****, mas esta sua austeridade tem que ter as raízes embebidas no âmago de sua consciência, isto porque tendo uma visão mais profunda do que seja a vida, ele vê mais longe do que o Profano.*

14 de Julho – Data Histórica – Queda da Bastilha

A rebelião contra os tiranos é obediência a Deus.
(Anônimo, às vezes atribuído a Benjamin Franklin)

As revoluções não são improvisadas, não surgem da noite para o dia, muito menos são repentinas. Há sempre uma fase mais ou menos longa de incubação, durante a qual se avolumam as queixas contra os abusos, as críticas contra a má administração que, normalmente, trazem em seu bojo a miséria e os sofrimentos do povo, principalmente dos menos aquinhoados, até que a indignação se generalize, até mesmo o desespero que por algum tempo estava represado, chegue ao ponto de transbordamento ou ebulição.

O termo Revolução é originário do latim, "*revolutio, revolutionis*", substantivo feminino, pertencente à terceira conjugação, cuja tradução, entre outras, refere-se à sublevação, rebelião, revolta, insurreição, etc.

Trata-se, via de regra, de uma mudança profunda, para não dizer completa, de uma estrutura política, econômica e social de um país.

No Brasil, destacamos a Revolução Liberal de 1842, a Pernambucana de 1817, a Revolução Paulista de 1924, a Constitucionalista de 1932 e, a de 31 de março de 1964, pela qual, "*em nome da luta contra o comunismo e da defesa da democracia, os militares assumiram o poder em 1964".*

Se nos aprofundarmos na busca das causas e razões, e estudarmos consequências que advieram, todas as revoluções ou movimentos revolucionários, de todos os países, iremos chegar a um denominador comum, ou seja, as origens conclusivas são todas correlatas: a fome, a miséria, os tributos elevados, isto porque todas elas advêm da corrupção dos políticos, da malversação do erário público, do empreguismo público desmandado, e assim por diante – a história nos registra estas afirmativas.

Com a França não foi diferente; os desmandos dos Reis, desde a época de Luís XIV, passando por Luís XV, chegando até o reinado de Luís XVI, que submetia o povo francês a uma verdadeira penúria, a um estado miserável, indigno e até mesmo vergonhoso, situação esta imposta por uma monarquia absoluta, onde só tinha vez a nobreza, o clero e a burguesia, esta última formada pelos grandes comerciantes e grandes proprietários fundiários.

A França, nos idos de 1789, possuía um sem número de cardeais, inúmeros bispos e padres, que na sua grande maioria não viviam em suas paróquias, e sim nas cortes.

Custava muito caro ao povo francês sustentar toda essa gente, que nada produzia, só consumia, além das polpudas remunerações.

Abro aqui um parêntesis: (*não estaria acontecendo mais ou menos situação idêntica num país chamado Brasil?*) – fecho parêntesis...

Como dissemos no início, a situação caótica vivida pelos franceses se avolumava, como se fora uma represa a encher, sem limite de vazão no seu nascedouro.

Chegou o 24º dia do mês IV, do ano 6789 da V.·. L.·., ou seja, 14 de julho de 1789, da E.·. V.·., e as comportas da represa não aguentando mais a pressão das águas poluídas, arremeteram como se fosse um transbordamento, motivado pelo furor do povo, cujo clima revolucionário estava já há muito preparado, e o episódio da Tomada da Bastilha foi o pretexto para a derrubada da Monarquia absoluta, e, de imediato, houve a implantação da Assembleia Nacional Constituinte. Estavam assim os franceses, libertos de um regime que os humilhavam perante as demais nações.

Esta é, em síntese, a história da França, mas, indagamos – e a repercussão causada no mundo, onde imperavam e ainda imperam os poderes absolutos?

E a Maçonaria – que papel relevante teria no episódio de *"Liberte et Egualité?"*.

A Ordem Maçônica não se envolveu nos episódios que motivaram e deflagraram a Revolução Francesa – muitos Maçons, sim.

E, é do conhecimento geral que, após a Revolução, foi implantado na França um regime, até certo ponto tido como de terror, procurando, investigando aqui e acolá aqueles que até então gozavam das regalias concedidas pelo império totalitário.

Há historiadores que consideram ter havido uma verdadeira carnificina, onde houve todo tipo de mortes, através de fuzilamentos, queimas em fogueiras, esquartejamentos, enfim, toda sorte de extermínio com requintes de crueldade, onde a lei de Talião imperou "no olho por olho, dente por dente..." (aliás, esta sentença condenatória, vamos encontrar em "Êxodo" 21.26), estes mesmos historiadores, Antimaçons, afirmam que Maçons tomaram parte nos extermínios, chegando ao extremo de executar, até mesmo Irmãos Maçons, e desta afirmativa aproveitou-se o Padre Jesuíta, de nome Barruel, para publicar um livro sob o título "Memórias para servir a história do Jacobinismo", no qual acusa retumbantemente a Maçonaria como partícipe e responsável pela implantação do "terror" que se alastrou após o movimento revolucionário.

A queda da **"Bastille"**, famosa fortaleza parisiense que serviu, durante muito tempo, como prisão do Poder da época, e tantos a têm como *Símbolo* da Revolução Francesa, se examinarmos à luz da história, os acontecimentos, e verificarmos a famosa jornada de 14 de julho de 1789, chegaremos a uma conclusão que não passou de um simples episódio, até mesmo simbólico, muito mais caracterizado pela confusão e anarquia de um povo enfurecido, uma vez que, naquela data, a prisão só guardava sete presos políticos, no entanto, sua tomada pela massa popular foi de uma capital importância, pois representou a vitória do povo sobre o arbítrio da realeza.

E para o Brasil, o que representou a Revolução Francesa? Um significado muito grande, não só para o Brasil, mas para todas as Nações que prezam pela Liberdade!

Particularmente, para o nosso País, uma coincidência gigantesca: no mesmo ano era preso no Rio de Janeiro nosso atual Patrono da Nação Brasileira, Tiradentes, que aqui lutava pela nossa Independência, cujo movimento se alastrava país afora, e os movimentos se sucediam: **em 1794, a Conjuração do Rio de Janeiro; em 1796, o Botânico, Padre Arruda Câmara, a quem tenho a honra de ser meu Patrono da Academia Maçônica de Letras de Juiz de Fora instalada em Itambé – PE, divisa com a Paraíba, o Areópago de Itambé tido como a célula *mater* da Maçonaria no Brasil, e, finalmente, em 1817, a Revolução Pernambucana, totalmente liderada por Maçons, e que já usavam como *slogan*, o trinômio: Liberdade, Igualdade e Fraternidade.**

Após tantos movimentos, tidos como revolucionários, reivindicando nossa soberania, chegamos a **7 de setembro de 1822**, data em que a nossa Independência foi afinal proclamada, depois de tantos episódios, liderados por Profanos e Maçons.

As Catedrais e os Pedreiros-Livres

Libera Chiesa in libero Stato.
(*Igreja Livre num Estado Livre* – Cavour)

CATEDRAL – (Do fr. *Cathédrale*) – Igreja principal de uma diocese, onde está a cátedra, a cadeira do bispo; sé; matriz.

IGREJA – Do grego, "*eklesía*"; do italiano "*chiesa*"; do latim "*eclésia*". O termo significa chamar, convocar (profanamente assembleia), agrupamento, reunião dos primeiros cristãos para celebrar culto, etc. É interessante ressaltar que, no sentido profano (o vocábulo aqui tem o significado de leigo, secular, não sagrado, diferenciando do termo usual na Maçonaria, que significa o *não iniciado*), primitivamente, significava uma assembleia de cidadãos convocados por um edital público, e com este sentido o termo aparece no Antigo Testamento.

No Novo Testamento, ainda aparece algumas vezes com o sentido profano, e, também, com raras exceções é usado no conceito religioso com limitação de assembleia de cristãos, reunidos em determinado local para a prática de culto, exemplificando: a Igreja de Jerusalém, de Éfeso, etc.

A Igreja é a comunidade daqueles que creem em Jesus, diferenciando de outras religiões, cujos cultos são praticados em Sinagogas, Mesquitas e outras denominações apropriadas. Ainda no Novo Testamento, a palavra refere-se sempre a um grupo de pessoas, e nunca um edifício ou uma construção, como nos dias atuais. Nas gerações passadas, os cristãos não tinham um local apropriado para suas reuniões.

Cristo ordenou a Pedro que fundasse a Igreja ("*Tu és Pedro, e sobre esta pedra edificarei a minha igreja, e as portas do inferno não prevalecerão contra ela*" – Mateus, 16,18.)

Consta no Novo Testamento a afirmativa de que todos aqueles que creem em Jesus, qualquer que seja a raça a que pertença, são o novo povo eleito de Deus.

Na "Visão Preparatória", João, o Evangelista, cita, no Apocalipse, as Sete Igrejas, assim ordenadas:

Éfeso, Esmirna, Pérgamo, Tiatira, Sardes, Filadélfia e Laodicéia

O que nos chama atenção, é que, ao final das descrições de todas elas, há uma citação idêntica: "*Quem tem ouvidos, ouça o que o Espírito diz às Igrejas*".

Para os estudiosos, a natureza da Igreja é mais um assunto bíblico do que sociológico, ou até mesmo teológico, trazendo preocupações das várias expressões de Igrejas da atualidade, em razão das novas dimensões que o tema vem assumindo.

De um lado, temos o secularismo, de outro a pura realidade de novos e grandes movimentos e tendências, culminando com o movimento ecumênico, e o aumento considerável de grupos de Igrejas, muitas das vezes denominadas populares, realizando seus cultos em garagens, Lojas do tipo comercial, galpões improvisados, o que não caracteriza, na concepção formal, uma igreja, e sim um espaço para a prática de culto.

De um modo geral, quando se escreve sobre Igreja, sempre vem à mente a "Igreja Católica", considerando que esta alcançou a universalidade pela sua organização, e no dizer de São Cipriano, no século III "Aquele que não tem Igreja como mãe não pode considerar Deus como seu pai".

Quando o imperador romano, Constantino I, o Grande, em latim, Caius Flavius Valerius Aurelius Constantinus, se converteu ao cristianismo, no início do século IV, houve uma profunda modificação nos destinos da arte na construção das igrejas.

Pela sua disposição, interna e externamente, as primeiras igrejas cristãs lembravam as basílicas pagãs, as casas romanas e a arquitetura das catacumbas.

> *O acesso à igreja era dado através de um* ***pórtico****, o propileu, passando-se a um pátio descoberto, o* ***átrio****. As* ***colunas*** *tomadas originalmente dos templos e das outras construções antigas suportavam, por intermédio de arcos e de arquitraves, paredes decoradas, primeiro com afrescos, depois com ricos* ***mosaicos****, até o nível de uma pequena cornija acima da qual se abriam as* ***janelas*** *em arco pleno.*

Esta citação, ainda que muito sucinta, nos faz lembrar alguns aspectos, ainda hoje existentes em nossos Templos Maçônicos, **o pórtico, o átrio, as colunas, as janelas (trapeiras no passado, para a entrada de luz no Templo), o piso mosaico, etc.**

No Livro "Grandi Peccatori, Grandi Cattedrali – Grandes Pecadores, Grandes Catedrais", de Cesare Marchi, tradução da Editora Martins Fontes, São Paulo, consta na contracapa:

> *Bolonha, Chartres, Colônia, Córdoba, Florença, Gênova, Milão, Paris, Monreale, Nápoles, Roma, Sevilha, Viena, Veneza, Verona. Todas essas cidades podem exibir uma grande catedral construída na Idade Média, símbolo de fé autêntica, de orgulho desmedido e ostentação de riqueza. Milhões de pessoas a cada ano passam sob os severos pórticos desses quinze templos para rogar a Deus, para admirar tesouros de arte, por simples curiosidade. Quantas sabem, no entanto, que Carlos V foi coroado em S. Petrônio, em Bolonha? Que os carros que transportavam o material necessário para a construção da catedral de Chartres eram puxados por pecadores que procuravam saldar dessa maneira a sua dívida com Deus? Que a catedral de Milão é*

> *uma espécie de ex-voto oferecido por Gian Galeazzo Visconti? Que a catedral de Monreale, dedicada à Virgem, foi construída por muçulmanos? Que a argamassa empregada para erguer a catedral de Viena foi temperada em vinho?*

E o editor continua sua descrição, sobre o autor, com uma significativa propriedade, relacionada com os visitantes dessas casas de Deus – vamos ao que narra:

> *Cesare Marchi nos guia, através de seu estilo único, feito de humor e refinamento, na descoberta de uma Idade Média que na sua cintilante reconstrução e interpretação aparece como nova, diferente, viva, feita de fé puríssima mas também das paixões mais carnais e de incríveis histórias dessas casas de Deus que muitas vezes se transformam nas mais mundanas casas do homem. Campanários vertiginosos com demônios que arranham o céu, pedras que nos falam de histórias de amor e morte, lápides que nos contam a gesta de príncipes soberbos ou vidas humildemente dedicadas ao serviço de Deus.*
>
> *Uma Idade Média surpreendente e quinze grandes igrejas que foram – e continuam sendo – o orgulho da fé cristã, mas, nas quais o bom Deus se viu constrangido a coabitar não apenas com seus santos mas também com cortesãs, mercadores, guerreiros e, para completar, com o próprio diabo.*

Uma indagação paira em nossos pensamentos: – teriam as grandes catedrais construídas a partir do século IV, quando teve início a era denominada “belas artes” a participação dos “Pedreiros-Livres, como é o caso da basílica bizantina de São Demétrio em Salônica, a igreja de Santo Ângelo, em Perúrgia, a da Sagrada Família, em Barcelona. E ainda na Espanha, a famosa Igreja de São Tiago de Compostela, a Notre-Dame de Lorette, enfim, teriam estes monumentos arquitetônicos maravilhosos edificados por nossos Irmãos do passado?

E as nossas famosas Igrejas, na sua grande maioria no estilo colonial, de inspiração barroca, predominando nas Igrejas de Nossa Senhora do Outeiro da Glória, no Rio de Janeiro, a de São Francisco de Assis, em Ouro Preto, obra-prima na escultura de Antônio Francisco Lisboa, dito o Aleijadinho, o maior escultor e arquiteto brasileiro. Sua obra extensa e rica, principalmente nas igrejas, se espalhou pelas vilas e cidades mineiras de Ouro Preto, Sabará, São João Del Rei, Mariana, Caeté, Barão de Cocais e Tiradentes.

Não podemos esquecer das imponentes igrejas do Norte e Nordeste brasileiro, com referência especial para as de Recife, Olinda, João Pessoa e Belém, além de tantas outras grandes catedrais, espalhadas por este Brasil afora.

Na arquitetura contemporânea, em nosso País, duas se destacam, a Catedral do Rio de Janeiro e, principalmente, a de Brasília, projeto de Oscar Niemayer, um dos monumentos marcantes da nossa capital brasileira, cuja decoração, além dos vitrais, jamais se assemelha à imponência decorativa das antigas catedrais, mesmo porque, a própria religião católica simplificou, internamente, seu simbolismo arquitetônico, a começar pelo altar mor (principal), que hoje é apenas restrito, na comparação de uma simples mesa.

Finalmente, vamos à indagação: o que vem a ser Igreja? No conceito popular, a igreja é um local que foi especialmente construído para se praticar um determinado culto, seja ele católico, protestante, evangélico, enfim, todas as religiões ou seitas, de todas as épocas, destinadas ao culto público; assim é considerada uma igreja, que é também uma organização, e, se seu culto não tem o caráter de abertura ao público, não deve ser considerada como uma igreja, assemelhando-se muito mais a um clube social, que cobra mensalidade para que o sócio frequente sua sede.

O Homem Maçom – Cidadão do Universo

O Homem Maçom é aquele que, reunindo as qualidades e condições exigidas pelas nossas leis, e após haver satisfeito todas as formalidades por elas exigidas, é admitido em nossos mistérios, tornando-se um Irmão fraterno e inscrito na Ordem Universal.

Essa universalidade está estritamente ligada pelos laços da solidariedade e da amizade fraternal pela qual nos unimos como verdadeiros Irmãos, e, em quaisquer circunstâncias a recíproca do apoio mútuo, podendo ser material ou espiritual, e pelo compromisso, ainda que haja risco de vida.

Seguindo os Irmãos mais experimentados e capacitados, utilizando seus pensamentos e refletindo com seriedade, na certa encontrará palavras ou máximas que possam aprimorar o espírito, utilizando o conceito:

Por suas obras os conhecereis

> *Antes de te aplicares a máximas tão sábias, recorda sempre que para o Maçom existem três condições distintas que são virtudes muito semelhantes: – a União; a Lealdade e a Sinceridade.*

A União: somente formando um todo com teus Irmãos é que a tua Loja está forte e respeitada. Acata as decisões da maioria e as de tuas Dignidades e Oficiais; procura cumprir todas as iniciativas de teus Irmãos, ajudando-os nas obras que empreendem, recordando que somente a união traz consigo a harmonia e o êxito de uma Oficina.

Lealdade: esta é uma das mais importantes virtudes maçônicas, e nela estão compreendidas a honradez, a fidelidade, a justiça, o amor fraternal e a bondade. A lealdade é um grande elemento de força numa Loja Maçônica. O Irmão que ajusta sua conduta aos ensinamentos recebidos em Loja, apoiando seu Venerável e as Dignidades e Oficiais, respeita os direitos alheios e os princípios da Maçonaria, é leal à sua Oficina e, por decorrência, a si mesmo.

Sinceridade: se não podes ser inteiramente sincero com teus Irmãos, é preferível que te retires. Quando estreitas a mão de um Irmão, esse aperto traduz sinceridade; dispensam-se palavras. Os Irmãos têm obrigações mútuas e devem fazer-se as mesmas concessões, como serem tratados sob o mesmo respeito, tudo à reciprocidade.

> *Essa sinceridade deve estender-se aos princípios morais que professas; tua prosperidade não fará mais do que reforçá-los, e a adversidade jamais poderá quebrá-los. Somente assim poderás dizer que és sincero contigo mesmo* (cf. "Manual de Procedimentos", GOMG, 1986).

Escolher novos elementos para ingressar na Ordem Maçônica, faz-se mister que o Candidato possua atributos que os efetivamente recomendem, e não levar em conta, como destaque principal, a fortuna ou a posição social que o escolhido tenha na vida profana, sem examinar as outras circunstâncias e verdadeiras qualidades de caráter e mérito para ombrear como nosso verdadeiro Irmão.

O ingresso na Ordem Maçônica **deve ser vocacional** e não especulativo ou para satisfazer vaidades de ostentar o título honroso de ser um "Cidadão do Universo".

Les Neuf Soeurs (As Nove Irmãs)

AS NOVE IRMÃS – Fundada em 9 de julho de 1776, esta ilustre e respeitável Loja Maçônica francesa parecia um ninho que procriava e agasalhava em seus Quadros inúmeros homens letrados, filósofos, políticos, artistas, etc.. Extinta pela Revolução, ela reergueu suas Colunas por volta de 1806, permanecendo de pé e à ordem até meados do século XIX. Seu título distintivo foi herdado por uma Loja da Grande Loja da França. Todos estes detalhes são descritos por Alec Mellor, em seu "Dicionário da Franco-Maçonaria e dos Franco-Maçons", cuja obra também relaciona os ilustres Maçons, membros das Nove Irmãs, e que relacionaremos mais adiante.

O título distintivo, de pronto, nos deixa pensativo, julgando tratar-se de nove irmãs que teriam sido Iniciadas na Ordem, entretanto, fomos em frente pesquisar, e chegamos finalmente à definição deste título por demais sugestivo. Por que As Nove Irmãs?

O conceito emitido por vários autores, dicionários ou enciclopédias, sofre variações e interpretações das mais variadas, assim iniciamos com o que define a Enciclopédia Larousse Cultural:

Trata-se das nove divindades gregas (musas), que presidiam as artes liberais. MUSA, s.f. (do lat. Musa). Filhas de Zeus e de Mnemósine, residiam no Monte Hélicon. As nove musas presidiam: *Clio*, a História; *Euterpe*, a Música; *Tália*, a Comédia; *Melpômene*, a Tragédia; *Terpsicore*, a Dança; *Érato*, a Elegia (a); *Polémnia*, a Poesia lírica (b); *Urânia*, a Astronomia; *Calíope*, a Poesia épica (c) e a Eloquência.

Jayme de Seguier, em seu "Dicionário Prático Ilustrado" (Luso-Brasileiro), Porto, Lello & Irmão, Editores, 1947, no qual encontrei o "fio da meada", assim define:

Filhas de Júpiter e de Mnemoyne, as nove musas presidiam as artes liberais, especialmente a eloquência e a poesia. **Eram nove irmãs**, para mostrar que as artes têm entre si relações estreitas.

CLIO, Musa da história. É representada, sentada ou em pé, com um rolo de papel na mão;

EUTERPE, Musa da música e da poesia lírica. É representada com uma flauta na mão.

THÁLIA, Musa da comédia e do idílio, representada por uma máscara e uma grinalda de hera; uma das "Três Graças": AGLAÉ, THALIA e EUPHROSINA, divindades pagãs, personificação da beleza graciosa e sedutora.

MELPOMENE, Musa da tragédia; tem em uma das mãos uma cabeça decepada.

TEERPSICHORE, Musa da dança e do canto, representada com uma lira;

ERATO, Musa que preside a elegia. É representada também com uma lira em uma das mãos.

POLYMNIA, Musa da poesia lírica. É representada na atitude de meditação.

URANIA, Musa da astronomia, representada, com um compasso e um globo.

CALLÍOPE, Musa da poesia heroica e da eloquência; mãe

Nota do autor:
(a) composição poética consagrada ao luto e à tristeza;
(b) gênero de poesia consagrado à expressão dos sentimentos do poeta;
(c) diz-se das grandes composições em que o poeta canta uma ação heroica.

de Lino e de Orpheu. É representada tendo nas mãos uma tabuinha e um estilo. (Nota do autor: Estilo punção de metal, com que os antigos escreviam em tabuinhas enceradas.)

A UNIVERSO, A grande enciclopédia para todos – Editoras Delta e Três, assim descreve:

MUSAS, divindades da Grécia antiga. Filhas de Zeus e de Mnemósine (Memória), as Musas (às vezes três, às vezes nove) patrocinam o exercício harmonioso da palavra, da qual seus nomes traduzem os diferentes aspectos. Essa palavra cantada (*mousa* em grego) representa para os gregos um saber sobrenatural, um modo de decifrar o invisível e de conhecer os princípios de todas as coisas; só pode pronunciá-la o poeta dotado de bela voz (Callíope significa: "de bela voz", é a musa da eloquência). Assim são designadas, Melpômene ("que canta bem", musa da tragédia), Polimnia ("a de muitos hinos", musa da poesia lírica), Clio ("distribuidora da glória", musa da história), Euterpe ("que preside às comemorações, musa da música), Terpsicore ("que se deleita nos coros", musa da dança), Tália ("inspiradora da grandeza", musa da comédia), Erato ("que suscita o desejo amoroso", deusa da elegia), e Urânia ("acompanhante do louvor que sobe até o céu", musa da astronomia).

Honradas inicialmente pelos poetas, que, na época arcaica, ocupavam posição central na sociedade, as Musas passaram depois dos cuidados dos filósofos. Após haverem patrocinado as atividades intelectuais dos pensadores da Academia e dado seu nome, sob a forma de "museu", aos lugares destinados à preservação das criações literárias e artísticas do homem, as Musas não cessaram de proteger e de simbolizar o conjunto das artes.

Parece-nos que neste trecho está a justificativa do título dado à Loja francesa, que tinha em seus Quadros, exatamente o que está descrito acima.

Finalmente, vamos ao que descreve sobre as Musas, Udo Becker, autor do "Dicionário de Símbolos", Editora Paulus, S. Paulo:

MUSAS, na mitologia grega divindades femininas das artes e das ciências. Eram filhas de Zeus e Mnemosina ou também de Urano e Gaia. Tinham suas moradas em Pieria, a leste do Olimpo (musas pierianas), no Helicon da Beócia (musas beócias), muitas vezes junto a fontes ou rios. Originalmente o seu número era limitado a três, mas já em Homero ocorre um grupo de **nove irmãs.** A cada uma delas eram atribuídas certas funções do mundo das artes, geralmente associadas com um símbolo que, entretanto, podia mudar. A invocação das musas no início de um trabalho artístico era costume dos poetas já nos tempos homéricos, que mais tarde passou também para lugares de vida cultural como escolas, círculos filosóficos, etc. (e o autor cita as nove musas).

Com esta exposição sobre o título distintivo da Loja "As Nove Irmãs", passaremos a relacionar alguns de seus Membros, Maçons universalmente destacados:

BLANC DE GUILLET, Jean-Georges, romancista e escritor muito estimado, destacando o seu romance "Memórias do Conde de Guines".

CABANIS, Pierre, grande médico francês, reorganizador da medicina legal. Filósofo, enciclopedista, literário e médico político, mantinha grande amizade com Mesmer, Francklin, Condorcet e Mirabeau, além de Napoleão I.

CHAMFORT, Nicolas-Sebastien, homem de letras, membro da Academia Francesa. Foi adepto da Revolução Francesa, porém, mais tarde a combateu em seu periódico, "Tableaux de la Revolution" (Quadros da Revolução).

CONDORCET, Marie-Jean-Antoine – Nicolas Caritat (Marquês de), Membro da Academia Francesa e da Academia de Ciências. Presidiu a Sociedade dos Amigos dos Negros.

CURT DE GÉBELIN, Antoine, Pastor protestante, presidiu o Museu de Paris; sua obra "O mundo primitivo", era mais voltada ao ocultismo do que propriamente à Maçonaria.

DELILLE, Jacques (ABADE), poeta e tradutor de Virgilio. Era membro da Academia Francesa. Apesar da alcunha de Abade, não recebeu as ordens religiosas. Seu título era consequente de ser originário da abadia de Saint-Séverin.

DIXMERIE, Claude-Nicolas (BRICAIRE DE LA), membro da Academia de Aarras (capital do departamento de Pás-de-Calais, à margem do rio Scarpe, notória como metrópole da tecelagem, da tapeçaria e bancária (cf. Larousse). Historiador de seu país, foi ele que pronunciou o discurso fúnebre do Irmão Voltaire, cujo panegírico foi dotado de suma elegância.

DUPATY, Charles-Marguerite (MEERCIER), Advogado, depois magistrado, destacado com publicações envolvendo os processos criminais.

ESPREMESNIL, Jean-Jacques (DUVAL'D), Conselheiro do Parlamento de Paris onde se destacou por sua animosidade contra a rainha no caso do Colar. Seu destino foi a guilhotina, como aconteceu com vários Maçons, que se colocaram fiéis à Revolução Francesa.

FLORIAN, Jean-Pierre (CLARIS, cavaleiro de), era sobrinho-neto de Voltaire, fabulista e autor dramático.

FONTANES, Louis-Jean-Pierre (de), político (foi senador) e literato. Protegido por Napoleão, recebeu o título de conde do Império e foi nomeado Grão-Mestre da Universidade.

FRANKLIN, Benjamim, Estadista e cientista, tido como um dos maiores Franco-Maçons dos EUA, sendo um dos redatores da Declaração de Independência do seu país. Foi Venerável da Loja "As Nove Irmãs", em cujos registros é mencionado como "Ministro plenipotenciário dos Estados Unidos da América Setentrional".

HELVETIUS, Claude-Adrien, filósofo e escritor. Seu Avental foi dado a Voltaire, na sua Iniciação, tendo beijado o Avental antes de entregar a Voltaire.

HOUDON, Jean-Antoine, Escultor e membro da Academia

Real de pintura e de escultura, tendo esculpido os bustos de diversas personalidades, entre os quais o de George Washington.

LACÉPÈDE, Bernard-Germain-Étienne de La VILLE (conde de), escritor e naturalista. Amigo de Napoleão que o fez Senador e Presidente do Senado.

LALANDE, Jérôme (Lê Français de), astrônomo e membro da Academia de Ciências. Foi Venerável da Loja "As Nove Irmãs" e assistiu à Iniciação de Voltaire.

MARMONTEL, Jean-François, homem de letras e Secretário perpétuo da Academia Francesa. Tinha a proteção de Voltaire.

MARCIER, Louis-Sébastien. Advogado e literato, tendo sido Deputado e Membro do Conselho dos Quinientos.

MOLLIEN, François (conde), Ministro do Tesouro na época do Império. Foi o autor das "Memórias de um ministro do tesouro".

MONTGOLFIEER, Jacques-Étienne. Juntamente com seu irmão, também Maçom, Joseph Michel, tomou parte na invenção da aerostação, ou seja, "balão que, contendo gás mais leve que o ar ou de ar aquecido, se eleva e sustenta na atmosfera".

MOREAU, o jovem (Jean-Michel MOREAU, chamado de). Desenhista de obras do Rei e Membro da Academia de Pintura.

PICCINI, NICOLA. Compositor napolitano. Foi chamado a Paris por Maria Antonieta, sendo autor de mais de sessenta óperas.

USSIEUX, LOUIS (D'). Um dos principais redatores do Jornal de Paris. Foi membro do Conselho dos Antigos e de inúmeras Academias.

VERNET, Claude-Joseph. Famoso pintor de paisagens marinhas, sendo membro da Academia de Belas Artes.

VOLTAIRE (François Marie AROUET, dito). Em seus assentamentos na Loja "As Nove Irmãs", constam as seguintes indicações: "Fidalgo ordinário do rei, da Academia Francesa". É do próprio Voltaire a citação de que **"Não existe o acaso"**, mas Bernanos assim se expressa: *"O que chamamos acaso talvez seja a* *lógica de Deus*". Assim ficamos com a lógica que nos proporcionou encerrar este verdadeiro rosário de ilustres Irmãos que integraram a Loja Maçônica "As Nove Irmãs", com o seu mais ilustre membro, o grande filósofo que foi porta-voz dos iluministas, surgindo o *Voltairianismo*, ou seja, a sua filosofia e de seus discípulos.

Libertas Quae Sera Tamen...

Embora não seja natural das Minas Gerais, tenho a honra de ser cidadão mineiro pela cidade dos fogos de artifício – Santo Antonio do Monte, terra natal do ilustre político José Magalhães Pinto.

Feito este preâmbulo, aproveito a oportunidade para prestar a minha homenagem a este grande Estado da nossa Federação, falando um pouco sobre a história de sua Bandeira.

A Bandeira da Conjuração Mineira (inconfidência é = a traição) era branca e, por sugestão de Tiradentes ostentava um triângulo verde, símbolo da Santíssima Trindade.

A atual Bandeira foi oficializada pela Lei nº 2793, de 8 de janeiro de 1963, com o triângulo vermelho, circundado pela expressão latina *"Libertas quae sera tamen"*, uma das expressões propostas por Inácio José de Alvarenga Peixoto, um dos líderes do movimento libertador, com a concordância de Cláudio Manuel da Costa e Tomás Antonio Gonzaga.

Tal expressão latina foi extraída do seguinte trecho latino: ***"Libertas quae sera tamen respexit inertem*** **– Ó liberdade que, embora tardia, todavia se apiedou de mim na minha inércia"** – frase pronunciada na 1ª Écloga (pequeno poema que canta o amor) de um dos mais conceituados poetas latinos, Plubius Virgillius Maro, natural de Mântua, região da Itália, ou simplesmente Virgílio, como é mais conhecido pela vasta epopeia – **A Eneida** – tida como a mais importante obra da latinidade.

Outra versão é que se trata de um dos versos da 1ª Bucólica de Virgilio, na qual o poeta expõe a situação de dois pastores do campo – Meliboeus e Tityrus – que tiveram suas propriedades confiscadas e cedidas a outras pessoas.

Traduzido *ao pé da letra,* no axioma ou ditado popular, temos: "LIBERDADE QUE TARDIA,TODAVIA", o que evidencia falta de sentido na frase.

Considerando que o termo "*tamen*" é uma conjunção latina que significa, "*todavia, contudo, entretanto ou ainda que*", e se prende ao termo "*respexit*" que é o pretérito perfeito do verbo "*respicio*" – ora transitivo ora intransitivo – significando olhar para trás, volver os olhos com atenção, ter pena, etc., no caso presente, significa "*se apiedou de mim*".

Segundo publicação de um livro editado em 1913, por Librairie Hachette, houve outra frase posta em votação: "*aut libertas aut nihil = ou a liberdade ou nada*".

Plagiando o nosso Imperador D. Pedro I, "como é para o bem de todos e felicidade geral dos mineiros", que permaneça o dístico "*libertas quae sera tamen*" adornando o triângulo vermelho da bandeira mineira.

Já que estamos falando dos mineiros, se o lema da bandeira trouxe alguma polêmica, outro fato, este curioso, Minas Gerais continua até hoje sendo o único estado da Federação que não possui o seu próprio Hino Oficial, apesar do empenho de alguns governos, como aconteceu em 1985, em que a Secretaria Estadual de Cultura iniciou promover um concurso, o que não foi adiante.

Oficiosamente, a canção "*Viene Sulmare*" (valsa) – tradicionalmente Napolitana, conhecida entre nós como melodia do "Minas Gerais", considera-se como hino não oficial do estado mineiro.

Coube ao compositor Eduardo das Neves aproveitar a

melodia para colocar versos de saudação ao encouraçado Minas Gerais (não confundir com o porta-aviões), mandado construir pelo Brasil na Inglaterra e considerado, na época, como um dos mais poderosos navios de guerra do mundo.

Os versos começavam assim: "*Louros triunfais o século traz, vamos saudar o gigante do mar, o Minas Gerais...*"

Esta canção foi gravada pelo próprio Eduardo das Neves em disco nº 108.674, entre 1909 e 1912, na Casa Edison – Rio de Janeiro.

Pouco tempo depois começavam a surgir versões ligando a melodia, não mais ao navio e sim ao estado mineiro.

Mas não foi só o estado mineiro que extraiu o "*libertas quae sera tamen*" da 1ª Écloga de Virgilio; o então Estado Independente do Acre, ao criar o seu primeiro Escudo (brasão) em 1902, assim o definiu:

> *O 1º Escudo do Acre foi criado no período do Estado Independente do Acre, com a seguinte estrutura: No centro, Estado Independente do Acre – 7 de Agosto de 1902, e um laço com uma frase escrita: "LIBERTA QUAE SERA TAMEN".*

Possivelmente, as autoridades acreanas tomando conhecimento do impasse na tradução da expressão, em 24 de maio de 1922, o Governador Epaminondas Jácome, através da resolução nº 45, criou o 2º Escudo, obedecendo a seguinte estrutura:

> *No centro, uma estrela vermelha. Na parte inferior do laço, ao lado esquerdo, a data de 6-8-1902, e no lado direito a data de 24-1-1903 (início e término da Revolução Acreana). Contornando a estrela, os dizeres: NIC LUCEO PLURIBUS IMPAR (onde não brilha menos que as demais).* (A tradução é nossa.)

Julgamos que tal expressão, direcionada à estrela vermelha, também inserida na Bandeira Acreana, iguala o seu brilho, significando a importância do hoje Estado, socioeconômico, não menos importante do que os demais.

Nossa Bandeira Desfraldada

DEFINIÇÃO HISTÓRICA: O termo etimológico advém do gótico, significava anteriormente Sinal, e depois grupo de pessoas seguidoras de um mesmo Sinal. Esta é a lição mais antiga que encontramos para definir "Bandeira".

Antes que as Bandeiras, hoje tradicionais, fossem inventadas, os homens da antiguidade, para identificação de seus grupos, usavam mastros com símbolos esculpidos nas pontas. Tais símbolos variavam, desde galhos de árvores, palmas e até mesmo esculturas de pedra ou de madeira.

Hoje, mundialmente, a Bandeira é, sobretudo, o maior símbolo de um grupo sociocultural, ou, por excelência, o Símbolo Maior de uma Pátria.

VAMOS DESFRALDAR A NOSSA BANDEIRA, FAZENDO A PERGUNTA TRADICIONAL:

VOCÊ SABIA QUE

1. A primeira bandeira de pano que se tem conhecimento foi confeccionada na China?
2. O primeiro país a usar a Bandeira como seu símbolo, foi a Dinamarca, em 1219?
3. O segundo país a usar a bandeira como símbolo foi a Áustria?

4. A primeira Bandeira do Brasil foi a da Ordem de Cristo, criada por El-Rei D. Diniz em 1320? Foi exposta na Missa Pontifical rezada em Belém (antigo distrito de Lisboa, hoje bairro da capital portuguesa), antes da partida de Pedro Álvares Cabral, que a arvorou no Brasil logo após desembarcar. Foi o primeiro símbolo da terra descoberta.

5. O primeiro "símbolo" aposto em uma bandeira, foi a Cruz de Cristo, pelos Templários?

6. Nossa Bandeira foi instituída pelo Decreto nº 4, de 19 de novembro de 1889, assinado pelo Marechal Deodoro da Fonseca e todos os integrantes do primeiro ministério, inclusive Deodoro, curiosamente eram todos Maçons?

7. Durante o período de 15 a 19 de novembro de 1889, foi arvorada como Bandeira Nacional no Clube Republicano, denominado Lopes Trovão, e que era uma réplica da bandeira americana, com treze listas horizontais, nas cores verde e amarela, e vinte e uma estrelas de prata em campo azul?

Esta Bandeira Provisória da República inspirou a criação das bandeiras atuais dos estados de Sergipe, Piauí e do Ceará.

8. A Lei nº 5.700, de 1º de setembro de 1971, dispõe sobre a forma e a apresentação dos Símbolos Nacionais, e dá outras providências; Lei nº 5.812, de 13 de outubro de 1972, modifica determinados artigos, e a Lei 6.913, de 27 de maio de 1981, dá nova redação a artigos da Lei 5.700/1971?

9. O artigo 5º da Lei 5700, fixa todas as regras para a feitura total da nossa Bandeira, sendo uma, senão a mais difícil para sua confecção?

Para cálculo das dimensões, tomar-se-á por base a largura desejada, dividindo-se esta em 14 partes iguais; cada uma das partes será considerada uma medida ou módulo.

10. As duas faces da Bandeira Nacional devem ser exatamente iguais, sendo vedado fazer uma face com avesso da outra?

11. As letras da legenda "Ordem e Progresso" são escritas em cor verde? Esta legenda foi extraída do lema "O *Amor por princípio, a Ordem por base e o Progresso por fim*", de uma doutrina denominada Positivismo, implantada no Brasil pelo francês Augusto Comte, sendo seus seguidores, vários vultos republicanos importantes, destacando Benjamin Constant, Demétrio Ribeiro, Quintino Bocaiúva, Miguel Lemos e Raimundo Teixeira Mendes que, por sua proposta a inscrição simplificada foi adotada.

12. A simbologia tida como oficial das cores verde e amarela se acha ligada à heráldica: o verde originário da Casa Real de Bragança; e o amarelo, a cor da Casa de Habsburgo – Lorena de Áustria, de onde provinha Dona Leopoldina, primeira esposa de D. Pedro?

Quanto ao azul e ao branco, dizem, essas cores provêm de nossa filiação histórica a Portugal, pois eram as cores da bandeira lusa.

13. O aspecto do céu representado na Bandeira está invertido? Explica-se: "*O orbe celeste, no qual parecem fixadas as estrelas, tem raio infinito. Em consequência, é sempre visto do centro, e este parece ser o ponto ocupado pelo observador. Idealizou-se a esfera celeste da Bandeira, apresentado o Cruzeiro do Sul, e demais constelações e estrelas que nela figuram, como se as víssemos do infinito como se fossem vistas num espelho ou num "globo celeste" instrumento científico onde se acha representada uma posição do cosmos*".

14. A estrela (Espiga) isolada acima da legenda "Ordem e Progresso" representa o Estado do Pará, e não o Distrito Federal, como erradamente ainda se ensina nas Escolas?

15. Vulgarmente, a estrela (epsilon) que quebra a hegemonia do Cruzeiro do Sul, e que representa o estado do Espírito Santo, é denominada de "*intrometida*"?

16. A nossa Bandeira não é a única a estampar a constelação do Cruzeiro do Sul? Figura também nas bandeiras da Austrália, Nova Zelândia, Samoa Ocidental e Papua e Nova Guiné.

17. A Bandeira Nacional pode ser hasteada e arriada a qualquer hora do dia ou da noite?

- Normalmente faz-se o hasteamento às 8 horas e o arriamento às 18 horas;
- No dia 19 de novembro, Dia da Bandeira, o hasteamento é realizado às 12 horas;
- Durante a noite, a Bandeira deve estar devidamente iluminada.

18. Nas escolas públicas ou particulares é "obrigatório o hasteamento" solene da Bandeira Nacional, durante o ano letivo, pelo menos uma vez por semana?

19. A Bandeira em mau estado de conservação deve ser entregue a qualquer unidade militar, para que seja incinerada no Dia da Bandeira, segundo cerimonial peculiar? *(Não deve ser jogada no lixo ou servir de pano de chão.)*

20. É vedada qualquer forma de saudação (ex.: mão sobre o peito), durante o hasteamento ou arriamento da Bandeira ou canto do Hino Nacional, exceto militares fardados, segundo seus regulamentos?

21. O Dia da Bandeira só foi instituído no ano de 1908, quando uma comissão foi especialmente incumbida de promover a criação do Dia da Bandeira, sendo bem recebida e festivamente comemorada em todos os Estados no dia 19 de novembro daquele ano?

22. Excetuando-se a bandeira do Nepal (duas flâmulas sobrepostas), via de regra, as bandeiras são retangulares, e simbolicamente divididos em quartos ou módulos? *Os dois mais próximos do mastro formam o içamento*: primeiro quarto superior e o terceiro quarto ou canto inferior de içamento; *os outros dois, a parte tremulante, ou seja*: o segundo quarto superior tremulante e o quatro inferior, também denominado de tremulante.

23. Enquanto o Hino Nacional Brasileiro é oficializado (Decreto 15.671, de 6 de setembro de 1922), o Hino à nossa Bandeira (poesia de Olavo Brás Martins dos Guimarães Bilac, o dito, Olavo Bilac, e música do Maestro Francisco Braga), é cantado até hoje, **por tradição,** não sendo oficializado?[1]

24. É obrigatório o ensino do desenho e do significado da Bandeira Nacional, bem como do canto e da interpretação da letra do Hino Nacional em todos os estabelecimentos de ensino, públicos ou particulares, do primeiro e segundo graus?

25. A violação de qualquer dispositivo das Leis citadas no item 8, é considerada contravenção penal?

Concluímos este Trabalho, dedicando aos que praticam os sentimentos cívicos, não o quadrienal de copas do mundo, e sim os que o praticam com profundo amor ao nosso grande País, cujo culto à nossa Bandeira é expresso pelo grande escritor, jornalista e político, Coelho Neto:

> *Não há religião sem Deus nem Pátria sem Bandeira. Prestar culto à Bandeira é venerar o espaço e o tempo nos limites geográficos duma nação e neles a raça e tudo que ela representa e abrange. Venera-se na Bandeira o espaço pelo amor à terra maternal.*

---

[1] Em 1993, como Presidente da Loja Maçônica "Fraternidade Brazileira" de Estudos e Pesquisas (1897), foi endereçado ao Governo Itamar, processo encaminhando cerca de 50 documentos de órgãos governamentais/oficiais, sugerindo a oficialização do Hino à Bandeira. Resultado: **lata do lixo.**

Obras Consultadas

A BANDEIRA do Brasil. Fundação IBGE, 1972.

FERRARINI, Sebastião. *Armas, Brasões e Símbolos Nacionais.* Curitiba, 1983.

FONTOURA, Amaral. *Calendário Cívico.* Rio de Janeiro: Aurora, 1969.

MEC-FAE – *Cem Anos de República.* Centenário da Bandeira – Presidentes da República, Símbolos, Hinos e Canções, 1989.

MELQUIDES, Alvino B.. *Meu Brasil Brasileiro* – Símbolos Nacionais e Históricos. Universidade de Caxias do Sul, 1989.

Bibliografia

A BÍBLIA de Jerusalém. São Paulo: Edições Paulinas, 1986.

ARCHI, Cesare. *Grandes Pecadores, Grandes Catedrais.* São Paulo: Martins Fontes, 1987 (Tradução: Cabra, P.G.).

BUENO, Francisco da Silveira. *Dicionário Escolar da Língua Portuguesa.* 6. ed. FENAME.

CÂNDIDO FILHO, Jucá. *Dicionário Escolar das Dificuldades da Língua Portuguesa.* 4. ed. FENAME.

DICIONÁRIO Biográfico. São Paulo: Abril, 1972.

HERRERA, Oswaldo. *Gotas de Sabedoria.* Londrina: "A TROLHA".

RITUAL – *1º Grau – Aprendiz do Rito Brasileiro*. GOMG.

RÓNAI, Paulo. *Dicionário Universal Nova Fronteira de Citações*. Rio de Janeiro: Nova Fronteira.

Editora Maçônica

A TROLHA

Redação, Diagramação,
Composição, Revisão, Arte-Final.

Rua Castro Alves, 835 – Jd. Shangri-lá A
Fone: (43) **3337-1982** – Fax: (43) **3326-0915**
CEP 86070-670 – Londrina – Paraná

Home Page: http://www.atrolha.com.br
E-Mail: redacao@atrolha.com.br

Anotações